햇볕 장마당 법치

햇볕 장마당 법치
–북한을 바꾸는 法

2017년 12월 4일 초판 1쇄

지은이 이종태

편 집 김희중
디자인 씨디자인
제 작 영신사

펴낸이 장의덕
펴낸곳 도서출판 개마고원
등 록 1989년 9월 4일 제2-877호
주 소 경기도 고양시 일산동구 호수로 662 삼성라끄빌 1018호
전 화 031-907-1012, 1018
팩 스 031-907-1044
이메일 webmaster@kaema.co.kr

ISBN 978-89-5769-447-3 03340

• 책값은 뒤표지에 표기되어 있습니다.
• 파본은 구입하신 서점에서 교환해 드립니다.

북한을
바꾸는
法

행복은
장마당
편치

이종태 지음

개마고원

북한이 사는 法, 북한을 살리는 法

북한은 자타공인 사회주의 국가다. 사회주의 법률에 따르면, 모든 토지와 건물은 국가 소유다. 그러나 현실의 북한에서는 일종의 자생적 민간 자본가라 할 '돈주'들이 자기 돈으로 주택을 개발해서 공공연하게 팔고 있다. 제법 거래가 활발한지 주택 시세까지 나올 정도다. 물론 불법이다. 개인 기업 역시 존재 자체가 불법이다. 그러나 이미 수많은 개인 기업들이 국가 경제사령탑의 명령이 아니라 수익을 추구할 목적으로 생필품 등을 생산하여 종합시장격인 '장마당' 등을 통해 유통·판매하고 있다. 심지어 돈주들이 국영 기업소를 대리 운영하여 수익을 취하고는 그중 일부를 해당 기업소에 수수료로 내기도 한다.

이렇게 법과 현실이 따로 놀지만, 오히려 그 덕분에(!) 북한 경제는 각종 제재로 삼엄하게 포위된 상황에서도 성장세를 구가하고 있다. 공식적인 계획경제 부문이 북한 사람들의 삶을 더 이상 책임지지

5

못한 지는 이미 오래다. 현재의 북한은 노동당과 장마당이라는 두 개의 당으로 유지된다고까지 말해질 정도다. 북한 정부가 공식적으로 '주체 사회주의 결사 수호' 등의 슬로건을 부르짖는 동안, 체제 내부에서는 시장경제로의 변화가 암암리에 그러나 거스를 수 없는 파도에 떠밀리듯 급속히 전개되고 있는 것이다. 이에 따른 소유권 분쟁이나 범죄 등 기존 사회주의 체제에서는 있기 힘든 각종 사회현상들도 돌출하고 있을 것으로 보인다.

북한의 법률과 현실 사이의 거리는 이렇게 멀어도 너무 멀다. 만약 북한 정부가 관련 법률들의 제·개정을 통해 체제 내부에서 무럭무럭 자라고 있는 시장경제를 공식적으로 승인한다면 어떻게 될까? 비약적 경제 성장과 이에 따른 체제 안정은 물론 민주주의 및 인권의 수준이 크게 개선되고 동북아시아의 평화에도 기여하는 길이 열릴 것이다. 북한 같은 사실상의 전체주의 국가에선 '시장'이야말로 긍정적 변화의 씨앗일 수 있기 때문이다. 예컨대 시장이 발전하려면 개인들의 소유권이 법률적으로 보장되어야 한다. 소유권이 보장되어야 개인들이 소득과 수익을 얻기 위해 시장에 참여할 인센티브가 생긴다. 소유권이 보장되면 국가는 개인의 재산과 인신人身을 멋대로 박탈하거나 구속할 수 없게 된다. 즉 개인이 국가로부터 좀 더 '자유'로워진다. 자유로워진 개인들은 다시 시장의 발전을 가속화한다. 시장과 자유의 이런 선순환은 사실 민주주의 및 법치주의가 발전해온 역사의 보편적 과정이다.

그렇다면 우리는 '교류다, 협력이다' 하며 애쓸 필요 없이, 지금 북한에서 성숙하고 있는 시장이 민주주의와 법치 그리고 한반도 평화로 이어지는 날을 기다리기만 하면 되는 것일까? 그럴 것 같지는 않다. 세상살이에 공짜가 없듯이 역사에서도 거저 되는 것이란 없다. 그렇다고 거꾸로, 한국과 국제사회가 강요한다고 북한 당국이 시장경제를 합법화하거나 인권 보장에 나서지 않을 거란 점 또한 분명하다. 남북 화해와 평화를 지향하는 역사의 기나긴 도정은 지금 이렇게 딜레마적 상황에 빠져 있다.

그렇다고 두 손 놓고 있을 수는 없는 노릇 아닌가. 줄탁동시啐啄同時라는 말이 있다. 알에서 나오려고 병아리가 껍질을 쫄 때 이를 도우려고 어미닭도 밖에서 같이 쪼아대는 걸 말한다. 그렇게 북한 스스로 자기 살 길을 찾아가도록 돕는, 즉 '북한이 사는 법'과 '북한을 살리는 법' 사이의 접점을 찾아보려는 게 이 책의 출발점이다. 여기엔 교류·협력 중심의 기존 햇볕정책이 지닌 현실적 한계에 대한 반성도 분명 자리하고 있다. 그러는 가운데 오늘날 북한의 변화 발전을 보다 가속시키고 견인하는 우리의 역할에서 법제적 접근법('법치')의 중요성에도 새삼 주목하게 되었다.

남북한 간의 체제 경쟁은 이미 끝났다. 북한의 국민총생산GDP은 한국의 2% 정도다. 북한 전체의 경제규모가 대전시의 '지역내총생산GRDP'에도 약간 못 미친다. 1인당 소득 기준으로 보면, 한국의 3% 내외다. 북한 주민 한 사람이 1년 동안 소비하는 물품의 가치가 평균적 한국인이 불과 11일 동안 사용하는 상품·서비스의 가치와 비슷한 셈이다. 특히 민주주의와 인권 측면에서, 북한은 한국의 경쟁상대가 되지 못한다. 그러니 교류·협력을 두려워해야 하는 쪽은 한국이 아니라 북한이다. 따지고 보면 교류·협력은 강자의 전법戰法이며, 북한 역시 스스로 한국보다 우월하다고 생각했던 1960~70년대엔 교류·협력을 적극적으로 시도했다. 고려연방제가 대표적 예다. 하지만 이제 북한은 이를 입에 올리지 않는다. 그런 점에서도 '개성공단 폐쇄'와 같은 결정을 북한이 아닌 한국이 단행했다는 건 난센스에 가깝다. 더욱이 남-북-미 간 대규모 무력 충돌이 벌어지는 경우, 세계에서 가장 번영된 지역 가운데 하나인 한국의 피해가 북한과 비교할 수 없을 정도로 크다는 점을 고려하면 교류·협력은 우리에게 옵션이 아니라 유일한 현실주의 노선이다.

그러나 한국의 체제 우월성을 전제로 민족통합을 지향하는 장기 전략이라 할 햇볕정책이 일정한 한계를 드러내고 있는 것도 사실이다. 한국 정부(김대중·노무현) 주도의 교류·협력 정책은 당장 "그 대가가 핵무기냐"는 식의 반박에 가로막혀 답보 상태를 면치 못하고 있다. 동북아의 복잡한 국제 역학관계 속에서 한국 내부의 지지 동력조차 옹골차게 만들어지지 않고 있으니 말이다. 여기에는 북한과의 교류·협력이 늘면 저절로 북한의 변화가 오리라는 안이한 판단도 한몫했다. 게다가 남북 경제협력을 통한 북한의 변화에서 법제도 도입과 법치 발전 부분이 갖는 중요성을 햇볕정책은 소홀히 했다. 법제도는 장기적으로 현실의 변화를 수용할 수밖에 없는데, 이 과정에서 한국이 개성공단 및 나선특구 등을 통해 북한에게 경제발전을 위한 법제도 도입의 다양한 선택지를 제공해줄 수도 있었다. 북한의 선택이 더 합리적인 쪽으로 오도록 도울 수 있었음에도 이에 대한 고려와 준비가 별로 없었던 것이다. 그저 경제교류만 하면 된다는 식의 접근이었던 셈이다.

경제발전에 따라 법치도 성숙된다는 점은 중국과 베트남의 예에서도 익히 확인되는 바다. 이 책이 중국의 경제발전 과정과 '의법치국依法治國' 기조를 꼼꼼히 더듬은 이유도 바로 그 때문이다. 북한 역시 전국적 차원에서는 아니지만, 이미 일부 지역에서 친시장적인 법제도 개혁을 경험한 바 있다. 바로 개성공단이다. 비록 지금은 북한 내륙에서도 주택거래가 상당히 활발히 이뤄지고 있지만, 이는 엄연한 불법행위다. 그러나 개성공단에서는 남측 기업가들이 합법적으로 공장 부지를 '소유'할 수 있었다. 해당 부지를 배타적으로 사용할 뿐 아니라 제3자에게 팔거나 빌려주거나 심지어 담보로 맡기고 돈을 빌릴 수도 있었으니 '사실상의 소유'다. 빌린 돈을 갚지 않으면 해당 토지가 경매에 붙여져 채권자에게 넘어가는 경우까지 나타난다. 북한 당국은 이밖에도 시장경제에 필요한 여러 법제도들을 개성공단에서 학습했으며, 이를 심지어 한반도 최북단의 나선특구로 옮겨심기도 했다.

이러한 변화가 갖는 중차대한 의미와 현실적 힘에 대해서는 본문에서 보다 자세히 설명하겠지만, 특구에 제한된 시장친화적 법제도들이 이미 시장경제가 자라나고 있는 북한 내륙으로 확산될 때 남북한과 동북아는 경제 및 국제관계 측면에서 한 단계 더 도약할 계기를 얻게 될 것이다. 그래서도 한국은 오늘의 특구가 내일의 북한 전역이 될 수 있도록 도와야 한다. 그 때문에도 개성공단 폐쇄가 얼마나 어리석은 패착이었는지 다시 한번 뼈저리게 절감하게 된다.

이 책을 마무리중인 2017년 11월 말 현재, 북한은 중장거리탄도미사일IRBM(사거리 2700~5600㎞) 및 6차 핵실험을 마친 상태다. 북한은 9월 중순 이후 한동안 핵과 미사일 시험을 중단했지만(적어도 이 글을 쓰고 있는 11월 21일까지는), 상황에 따라 언제든 도발을 재개할 수 있다. 궁극적으로는 수소폭탄급의 핵탄두를 태평양 건너 미국까지 미사일로 실어나를 수 있는 군사적 능력을 목표로 삼고 있는 것으로 보이기 때문이다. 이런 가공할 핵능력을 갖추게 되면, 북한은 한국과 미국을 위협하며 동북아시아 지역에서 정치·군사적으로 우월한 지위를 확보하려 나설지도 모른다. 더욱이 북한 당국은 문재인정부의 거듭된 교류·협력 시도에도 더할 수 없이 차가운 반응으로 일관해왔다.

북한이 '한반도 적화통일'이라는 무모한 군사노선을 완전히 포기했다고는 단정할 수 없다. 한국은 북한의 핵무장에 대해 때로는 미국·중국·러시아 등 주변국과 공조해서 경제제재 등 다양한 대북 강경책을 전개할 수 있다. 그러나 대북 전략의 중심축은 여전히 교류·협력 정책이어야 한다고 확신한다. 장기적이고 지루하며 짜증나는 밀고당김도 불가피하겠지만, 궁극적으로는 교류·협력만이 북한을 확실하게 변화시킬 수 있는 방법이다. 더욱이 북한 당국 역시 장기적으로는 내부에서 발전중인 시장경제 등 '물질적 조건'의 변화에 적응해나갈 수밖에 없을 것이다.

마지막으로, 그동안 필자는 교류·협력사업의 최전선에서 활동한 여러 북한전문가 및 법률전문가들을 만나 수차례의 인터뷰를 진행했다. 어느 정도 북한의 현실을 안다고 자부해온 필자로서도 깜짝 놀랄 만한 '팩트'와 관점들을 숱하게 접할 수 있었다. 하여 이 책의 저자는 명의상 필자인 '이종태'에 국한되지 않는다는 점을 미리 밝혀두고자 한다. 앞으로도 북한의 일꾼들과 협력사업을 논의해야 하는 인터뷰이들의 사정을 고려해 그분들의 신원은 밝히지 않았다. 이 지면을 빌어 그분들의 열정과 친절한 가르침에 감사의 말을 전하고 싶다.

2017년 11월

이종태

차례

제1장

교류·협력을 넘어
법치 이식으로

———

2009년 여름 어느 날, 개성공단의 한국인 남성 노동자가 갑자기 북한 측에 억류되었다. 그는 이전에 중동의 한 나라로 일하러 갔다가 어떤 북한 여성에게 반했던 적이 있다. 북한에서 그 나라로 파견된 외화벌이 노동자였다. 여성이 귀국하는 바람에, 두 사람은 남북으로 갈렸다. 그러나 도저히 잊을 수 없었던 모양이다. 그는 개성공단 입주 기업에 취업해서 개성으로 파견되는 데 성공했다. 이후 함께 일하던 북한 여성 노동자들에게 접근해서 '혹시 ○○○를 아느냐'라며 묻곤 했다. 그러다 보니 그 여성들과도 가까워졌다. 선물을 주고 '남쪽으로 가서 살지 않겠느냐'라고 속삭이기도 했던 것 같다. 그런 사실이 북측에 들통났다. 북측은 그를 '국정원 간첩'으로 의심했다. 마침 이명박정부 출범 이후 남북관계가 서서히 악화되고 있었다. 북측이 남측에 대해 '뭔가 본때를 보여주자'라고 벼르던 참에 그 남성이 걸린 것이다.

북측은 어느 날 갑자기 그를 개성 시내로 끌고 가버렸다. 개성공단에서 한국 측을 대표하는 조직인 '관리위원회'엔 '□□□를 간첩 혐의로 구금·조사한다'라고 통보만 했다. 관리위원회는 발칵 뒤집혔다. '북측의 조사는 인정하는데 생사부터 확인하자'라고 요구했다. 접견시켜달라는 것이었다. 한국 법률에서는 위법 혐의를 받아 구속된 용의자는 변호인을 접견할 수 있는 권리를 가진다. 외교적으로도 '영사접견권'이라는 것이 있다. 북측은 거칠게 거부했다. '일반적 범죄라면 변호인 접견권을 허용할 수 있다. 그러나 □□□에겐 간첩 혐의가 있으므로 수사 과정에서는 접견을 허용할 수 없다'는 것이다. 이후 남측과 북측은 접견권을 둘러싸고 석 달 정도 줄기차게 싸웠다.

남북이 접견권을 둘러싸고 싸운 이유

책의 앞머리에 이런 해프닝을 이야기하는 이유는 남과 북의 법치주의 수준 차이에서 발생하는 충돌을 잘 보여주기 때문이다. 개성공단은 사회주의 국가인 북한의 영토다. 북한 땅에서 자본주의 국가인 한국 시민들이 사업을 벌인다. 남북의 법률 체계는 매우 다르다. 그렇다면 '북한 땅에서 한국인이 벌인 범죄'를 어떻게 처리할지 미리 정해놓아야 한다. 그래서 남북한은 개성공단 사업 출범 이전에 「개성공업지구 및 금강산관광지구의 출입체류에 관한 합의서」를 만들어놓았다. 그런데 문제는 남북이 합의한 개성공단의 '형사절차(범죄 용의자를 구속·기소해서 재판에 붙이는 절차)'가 매우 애매하게 규정되어 있다는 점이다. 합의서에 따르면, 한국인이 개성공단 내에서 범죄를 저지르는 경우, 대략 다음과 같은 형사절차를 밟도록 규정하고 있다. '일단 북측에서 한국인 용의자를 조사한 뒤 남쪽으로 추방한다. 북측의 조사시엔 용의자의 기본적 권리를 보장해야 한다. 남측은 추방된 용의자에게 합당한 처벌을 가한 다음 그 결과를 북측에 통보한다. 다만 중대한 범죄에 대해서는 이후의 남북간 합의에 따라 처리한다.'

이 규정은 매우 허술하다. 우선 '중대한 범죄'가 뭔지 세부적으로 서술되어 있지 않다. 예컨대 절도나 상해 혹은 간통은 중대한 범죄인가, 아닌가? 북측의 조사 과정에서 보장해야 할 용의자의 '기본적 권리'도 구체적으로 규정되어 있지 않다. 남측에서 요구했던 '변호인 접견'이 용의자의 기본적 권리에 포함되는지, 합의문만으로는 판단할 수 없다. 남북간의 다툼이 일어날 수밖에 없게 되어 있었다.

그런데 이처럼 애매하게 규정된 이유가 중요하다. 사실 개성공단 내 한국인 범죄 처리에 대한 협상 과정에서는 북측이 통 큰 양보를 했었다. 북측이 조사만 하고, 처벌은 한국에서 받도록 한 것 자체가 엄청난 양보다. 일본인이 한국에 와서 범죄를 저지르다 체포됐다고 치자. 한국의 사법 당국은 그를 절대 일본으로 추방하지 않는다. 한국에서 조사하고 한국에서 처벌한다. 만약 반대로 일본인을 비롯한 외국인이 한국에서 저지른 범죄를 한국이 처벌하지 못하고 그들의 본국으로 보내야 한다면, 국민들은 절대 납득하지 못할 것이다.

사실 '용의자를 한국으로 추방한다'라는 조항엔, 북한의 사법절차에 대한 한국의 불신이 담겨 있다. 한마디로 '한국은 북한의 형사절차를 믿지 못하겠다' '인정할 수 없다'라는 것이다. 한국과 미국 간의

개성공단 노동자 억류사건이 장기화된 것은 애초 남북간 합의안에 이런 문제에 관한 세부규정이 없었기 때문이다. 더 들여다보면 이러한 규정의 미비는 '북한의 법치'를 남측이 신뢰하지 못했기 때문이기도 하다.(국민일보, 2009년 8월 14일)

SOFA협정(한국에서 범죄를 저지른 미군에 대한 재판권을 미국군이 관할) 역시, 그 배후엔 '(미국 측이) 한국의 형사절차를 인정할 수 없다'란 전제가 깔려 있다.

남북 합의서를 만들기 위한 논의 과정에서 한국 측은, '북한 사법당국이 가벼운 법률 위반에 무거운 징벌을 가하거나 죄 없는 사람도 유죄로 몰아갈 수 있다'라고 판단했다. 북에서는 한국 수준의 법치주의가 이뤄지지 않는다고 본 것이다. 그러니 한국 시민이 북에서 처벌받는 것을 용인해서는 안 된다. 그래서 '한국으로 추방'을 밀어붙였다. 자존심 강한 북한 당국으로서는 자리를 박차고 나가버릴 수도 있는 상황이었다. 그러나 북측은 결국 '한국으로 추방'을 용인했다. 자국 내에서 자행된 범죄를 자국 내에서 처벌하는 '형사적 자주권'을 일부 포기한 셈이다. 이렇게 북한이 양보했기 때문에 한국 역시 '형사절차를 좀 더 세부적으로 규정하자'라는 추가 요구를 접을 수밖에 없었다. 결국 북한 여성 노동자들과의 접촉으로 간첩 혐의를 받았던 남성 노동자는 석 달 정도 북한에 억류된 뒤 한국으로 추방되었다. 정말 다행스러운 일이었다.

이 에피소드의 핵심은, 한국 측 협상가들이 북한을 '법치주의가 제대로 준수되지 않는 나라'로 봤다는 것이다. 물론 북한에도 법이 있다. 헌법부터 형법까지 각종 법률 체계를 가진 나라다. 그러나 한국이나 서방국가의 시각에서는 북한을 '법치주의가 준수되는 국가'로 보기 어렵다. 지난 2016년 1월, 북한을 관광차 방문한 미국 대학생 오토 웜비어는 호텔 벽에 부착된 정치선전물을 떼어내려 한 혐의로 체포되어 15년형을 받았다. 그는 2017년 6월, 코마 상태로 미국에 송환되었으나 5일 뒤 숨지고 말았다. '정치선전물 훼손'에 15년 징역형을 받는 건, '위법한 행위라 해도 합당한 강도의 처벌만 가해야 한다'는 법치주의의 보편적 정신(비례의 원칙)과 한참 떨어져 있다.

어떤 국가에서 민주주의와 인권, 나아가 시장경제가 어느 정도 발전했는지 가늠하려면 그 사회의 법치주의 수준을 보면 된다. 법치주의는 사회발전의 수준을 나타내는 일종의 척도다. 따라서 제1장에서는 북한의 법치주의 수준을 간략히 살펴보려 한다. 또한 이 나라의 법치주의가 발전하지 못한 이유를 사회주의라는 체제의 특성에서 찾고, 북한의 법치가 왜 지금 중요한 관건인지도 알아볼 것이다. 그렇다면 우선 법치주의 그 자체에 대해서부터 설명을 시작해야겠다.

법치주의란 무엇인가

법치주의란 개념을 간단히 풀어보면 '법률에 의한 통치(rule by law)'다. 그렇다면 법률이란 무엇인가? 본래 법률은 명문銘文, 즉 돌이나 금속처럼 내구성 강한 재료에 '새겨진' 글이었다. 새겨 넣기도 힘들지만, 깎아내기도 어렵다. 바꾸기 힘든 원칙이다. 결국 법치法治는, '이미 정해져 있는 원칙에 입각해서 통치하는 것'이라고 할 수 있다.

인류는 역사시대 이래 법률을 발전시켜왔다. 세계 최고最古의 성문법인 수메르법은 기원전 3000년경에 제정되었다. 기원전 1750년경엔 바빌로니아에서 함무라비 법전이 만들어졌다. 이후에도 고대 그리스, 로마, 중국 등에서 법은 발전을 거듭했다. 조선에도 『경국대전』이 있다. 근대 이전엔 주로 지배계층이 법률을 만들었다. 왜 그랬을까? 최고권력자의 자의적인 지배를 견제하기 위한 것으로 짐작된다.(자의성 배제의 원칙) 법을 말이나 관습으로 전달하기보다 '명문'으로 법전을 만들어놓으면, 아무래도 더 높은 권위가 부여되기 마련이다. 최고권력자도 법전을 무시하면서 마음대로 통치하기는 어려웠을 것이다.

역사적으로 법이 한 단계 더 발전한 계기는 근대 이후 민주주의의 도입이다. '법률엔 통치자 이외 시민들의 의사가 반영되어야 한다'라는 관념이 사회적 상식으로 발전하기 시작했다. 17세기 말 영국의

「권리장전」은, 왕이 의회(시민대표)의 동의 없이 법률을 제정하거나 과세할 수 없도록 원칙을 세웠다. 18세기 중엽에 활동한 프랑스 사상가 몽테스키외는 세계를 유람한 뒤 저술한 『법의 정신』이라는 견문록에서 이렇게 말했다. "전세계를 돌아다녀보니 사람들의 행복은 법치주의에 달려 있었다." 법과 민주주의의 관계를 더할 나위 없이 단순명료하게 정의한 문장이다. 왜 그런가?

몽테스키외에 따르면, 특정 권력자가 마음대로 통치하는 나라에서는 사람들이 마음 놓고 웃을 수 없다. 권력자도 감정과 욕심을 가진 인간이다. 감정은 조변석개朝變夕改한다. 권력자의 생각에 따라 아침에 정의였던 행위가 저녁에 불의한 것이 되는 나라에서 시민들이 어떻게 편안히 살 수 있겠는가. 그래서 이미 정해져 있는 법률에 따라 안정적인 통치(법치)가 이뤄져야 한다고 주장한 것이다. 시민들뿐 아니라 통치자도 법률을 따라야 한다는 의미이기도 하다.

그러나 권력은 본질적으로 법 위에 서고 싶어 하는 성향을 지니기 마련이다. 심지어 시민을 억압하는 도구로 법률을 사용할 수도 있다. 법치주의가 통치의 수단으로 전락하는 경우다. 몽테스키외는 이 같은 권력의 속성으로부터 법치를 수호할 수 있는 장치를 『법의 정신』에서 제안했다. 바로 '3권(입법-사법-행정)분립'이다. 선의에 가득 찬 권력 따위는 없다. 잠시 선의를 갖더라도 오래 동안 지속될 수는 없다. 언제든 인민의 권리와 행복을 침해할 수 있는 권력이라는 야수를 세 개로 쪼개 서로 견제하며 균형을 이루게 해야 한다. 3권분립은, 권력에 대한 이이제이以夷制夷 전략이다. 법치주의를 유지하고 발전시키기 위한 필수적 장치이기도 하다. 쪼개진 권력들이 솥의 세 발처럼 정립해서 서로를 견제하기 바빠야, 그들마저 '법의 지배(rule of law)' 아래 법을 지키게 될 것이다.

자본주의 시장경제와 법치의 발달

법치주의는 근대 시장경제가 발전하면서 또 하나의 중요한 기능을 발휘하게 된다. 시장경제는 기본적으로 독립적 개인들을 전제하는 시스템이다. 각 개인들은 서로 협력하고 경쟁하면서 자신의 이익을 사회적으로 관철시키기 위해 분투한다. 이런 과정에서 필연적으로 각 개인들의 이익이 서로 충돌할 수밖에 없다. 자본과 노동, 자본과 자본, 채권자와 채무자 등은 서로 협력하다가도 어느 순간 자신들의 이익이 첨예하게 상충된다는 것을 발견하곤 한다. 시장경제는 기본적으로 분열된 사회다.

　이런 분쟁들을 어떻게 해결할 것인가? 각 개인의 이익을 초월한 사회 전체의 입장에서 분쟁의 시시비비를 객관적으로 가리는 공적 권력을 상정할 수밖에 없다. 바로 국가다. 국가가 나서서 분쟁 당사자들을 중재시키거나 한쪽의 손을 들어줄 수 있다. 어떤 경우엔 시민의 자유와 권리를 제한하거나 의무를 부과하기도 한다. 국가의 이런 통치행위는 어떻게 정당화될 수 있나? 오로지 미리 정해져 있는 법률에 따른 통치일 때만 그렇다. 또한 그 법률은 시민들의 대표기관인 의회에서 제정된 것이어야 한다. 그래야 법이 모든 사회 구성원들에게 중립적이고 공정할 거라고 간주할 수 있다. 민주적 법치 사회의

사회구성원들의 투표로 뽑힌 대표자들이 법을 만든다. 그리고 그 법이 구성원 간 다양한 이해관계는 물론 최고권력자의 행위까지 가려내고 심판한다. 2017년 박근혜 대통령 탄핵심판에서 보듯 누구도 법 위에 설 수 없다. 그래서 '법치'는 '인치(人治)'와는 상반되는 개념이다.

시민들은 스스로 법을 만들고(물론 시민들이 뽑은 의원이 대의하지만), 그 법률에 자신을 종속시킨다. 일종의 사회계약이다. 즉 법치주의는 분열된 시장경제 사회를 통합적으로 유지하는 데 기여한다.

이렇게 보면 법치주의는 사회 구성원들을 각각의 다른 이해관계를 갖는 개인으로 전제하는 시스템이다. 그런데 이런 법치주의의 개념은 사회주의와는 묘한 긴장관계를 이루게 된다.

사회주의 국가의 구성원리에 따르면, '모든 인민의 이해는 일치한다.' 사회주의 혁명으로 자본가나 지주 같은 착취계급을 이미 타도했기 때문이다. 사회주의 국가의 인민들은 남을 착취하지도 착취당하지도 않는 일원적이고 평등한 집단으로 간주된다. 시장경제 사회처럼 분열된 사회가 아니다. 사회주의 국가의 집권세력인 공산당(혹은 노동당)은 인민의 일치된 이해관계를 대변하는 정당으로 설명된다. 일반 인민들이 '착취계급(자본가)의 잔재殘滓'나 '제국주의 국가들의 유혹'으로 잠시나마 흔들릴 수 있는 데 반해, 공산당은 역사발전의 법칙을 꿰뚫고 있는 철학자고 사회공학자이며 '현자'다. 공산당 일당독재가 정당화되는 이유다. 공산당이 인민 전체의 이익을 대변하며 '능력에 따라 일하고 필요에 따라 분배받는' 공산주의 사회로 일사불란하게 전진하는 상황에서 다른 정당은 '착취계급의 잔재'거나 미국 같은 제국주의 국가의 간첩일 수밖에 없다는 것이다. 사회주의 국가에서 공산당(노동당)은 정당인 동시에 국가다.

이렇게 평등하고 모든 인민의 이해관계가 동일한 사회주의 사회엔 범죄 따위가 원천적으로 불가능하다. 범죄는 계급들로 첨예하게 갈라진 자본주의 사회의 병폐일 뿐이다. 실제로 옛 소련 같은 나라에서는, 한동안 범죄가 공식적으로 인정되지 않았다. 범죄가 발생해도 정신이상자의 소행이나 단순 사고로 처리되었다.

이런 관점이라면 사회주의 인민의 삶에 법률은 크게 중요한 것이 아니다. 필요하지도 않다. 더욱이 전통적 마르크스주의의 관점에서 법률은 지배계급이 피지배계급을 지배·억압하기 위한 도구에 불과했다. 계급 대립이 소멸될 때 국가와 법 역시 사라지게 된다고 설명한다. 이런 인식이 옛 소련은 물론, 중국이나 북한 같은 나라의 수뇌부에도 깔려 있었다.

이 같은 이데올로기가 '법치주의 없는 통치'로 이어지는 것은 이상한 일이 아니다. 형식적으로 존재하는 법률마저 인민들의 대표기관이 제정한 것이 아니다. 사회주의 국가는 법률이 아니라 공산당의 정세 판단 및 결정에 따라 통치된다. 그러나 각 시기에 따라 바뀌는 공산당의 결정을 '법률'이라고 말할 수는 없다.

특유의 철학과 사회구성 원리를 감안하면, 사회주의 국가에서는 법치주의가 성립되기 어렵다. 법률이 인민들에 의해 제정된 것도 아닐뿐더러, 심지어 그 법률마저 공산당에게 무시당한다. 자본주의에서 사회주의를 거쳐 공산주의로 돌진하는 역사의 법칙을 체현하고 있는 공산당이 법률 위에 있다. 이는 사회주의 철학에서는 완전히 정당한 일이다.

사회주의 국가에서도 법치가 가능한가

중국이든 북한이든 사회주의 국가를 세울 당시엔 '법치'란 개념이 거의 필요하지 않았을 것이다. 혁명이란 원래 기존 질서를 때려 부수는 것 아닌가. 기존 사회에 존재하던 법률에 얽매였다간 제대로 된 혁명이 불가능하다. 법은 오직 파괴의 대상일 뿐이었다. 공산당은 노동계급 혹은 인민을 대변한다는 지배체제를 만들어 사유재산 몰수, 반혁명분자 숙청, 국유화 같은 정책을 집행해 나갔다. 이런 정책들의 준거는 법률이 아니라 공산당 정부의 사회변혁 노선이다.

또한 20세기 초에 사회주의 혁명이 발생한 러시아·중국·북한 등은 시장경제와 법치가 발전하지 못한 국가들이었다. 이로 인해 해당 국가의 인민들이 혁명을 쉽게 받아들인 측면도 있다. 사유재산과 관련한 법제도에 대한 관념이 전혀 없으니, 지주들의 땅을 국유화하는 조치에 사회적으로 거부감이 크지 않았던 것이다. 공산당 역시 사유지를 국유화하는 등의 정책을 수행하면서 굳이 법률적 근거를 제시할 필요성을 느끼지 않았다. 사회주의 실현에 토지 국유화가 필요하다면 지주를 숙청하면 된다. 중공업 육성이 시급하다면, 농민들의 생산물을 사실상 강탈해서 도시 노동자들에게 제공하거나 외국에 판매하는 방법으로 자원을 조달했다. 사회주의 체제를 지킨다며 멀쩡한 지식인들에게 '우파'라는 모자를 씌워 재판 없이 노동 수용소에 억류하기도 했다.

이런 모든 조치들은 법이 아니라 공산당이 생각한 혁명적 필요성에 따라 시행되었다. 실제로 상당 기간은 이런 방식이 국가경제 성장에 기여하기도 했다. 그러나 법치가 아니었다는 것은 명백하다. 자본주의보다 우월하다고 자처해온 사회주의는 법치가 아니라 사실상 인치人治 체제였다.

이랬던 사회주의 국가들 역시 1960년대 후반 이후 어느 정도 체제의 형태를 갖추게 되면서 '명문으로 된 법률'의 필요성을 느끼기 시작한다. 물론 그 이전에도 법전을 갖추려는 시도가 없었던 것은 아니다.

중국의 경우, 건국 초기인 1954년에 헌법을 만들었다. 그러나 이후에 전개된 반우파투쟁이나 문화혁명 등의 동란을 감안하면, 해당 헌법이 무용지물이었다고 봐야 한다. 형법 역시 1950년대에 제정하려다 포기했다. 토지 몰수와 숙청, 린치 등 공산당 주도의 '혁명적 사건'들이 뜨겁게 진행되는 현실에서 죄형법정주의(범죄와 형벌은 미리 법률로 규정되어 있어야 처벌할 수 있다는 근대 형법의 기본 원칙) 따위를 논하기는 매우 쑥스러웠을 것이다. 사실 1978년 개혁·개방 이전의 중국 사회에서는 굳이 법률을 만들 필요가 없었다. 1980년대 들어서야 중국 헌법이 개정되어 국가운영의 기본법으로 최소한의 기능을 수행하게 된다. 형법도 비슷한 시기에 제정되었다.

북한에서도 1970년대 들어서야 법률의 필요성이 강조되기 시작했다. 당시 김정일 명의로 나온 논문인 「사회주의 법무생활을 강화할 데 대하여」의 핵심은 이렇게 요약할 수 있겠다. '모든 사회구성원들은 사회주의 국가가 제정한 법 규범과 규정의 요구대로 일하며 생활해야 한다.' 그전엔 법무생활, 즉 법치가 잘 이뤄지지 않았다는 고백이기도 하다. 북한은 1950년에 형법을 제정한 것으로 알려졌으나 유명무실했던 것으로 보인다. 북한의 공식 법률체계라고 할 수 있는 『조선민주주의공화국 법전』에도 형법은 1990년에 비로소 제정된 것으로 표시하고 있다.

이처럼 국가 구성원리상 법률의 비중이 적었던 사회주의 국가들에서 법률의 필요성이 강조되기 시작한 이유는 안정적 통치를 위해서였을 것이다. 형식적으로 존재하는 형법이 제대로 기능하지 않으니, 공안이나 경찰이 인민들을 제멋대로 처벌하는 등 전횡을 부리는 사례가 발생했다. 국가권력이 엄청나게 강한 상황이라면, 사법체계의 최말단에 있는 하급 경찰도 엄청난 특권을 가지게 된다. 마음먹기나 인간관계에 따라, 큰 죄를 그냥 넘어가거나 작은 죄를 엄하게 처벌하

북한의 법전. 사회주의 국가에도 엄연히 법은 존재한다. 그러나 그 법의 위상과 이를 토대로 한 이른바 '사회주의 법치'의 모습은, 우리에게 익숙한 민주주의-자본주의사회에서의 그것과는 상당히 다르다.

는 일도 가능하다. 집권자인 공산당 입장에서는 매우 곤혹스런 사태다. 공산당 간부들의 부패나 '세도정치'도 막아야 했다. 이런 상황 때문에 어느 정도 문서화된 법이 필요하게 된 것이다.

　고대사회에서부터 지금까지 법률의 가장 중요한 기능 중 하나는 질서유지다. 규칙을 정해놓고 이를 위반하는 구성원을 처벌해야 한다. 사회주의 국가들은 혁명의 열기가 어느 정도 가신 1970년대 전후에 이르러서 법의 질서유지 기능을 절감하게 된 듯하다. 그러나 일반 인민은 물론 공산당과 국가기관도 법률을 준수해야 한다('국가는 법에 의해 통치해야 한다')는 점은 여전히 무시되었다. '사회주의 법치'의 역사는 결코 길지 않다.

형사절차에서 법치주의 수준을 보다

이제 형사절차를 통해 북한 법치주의의 수준을 가늠해보기로 하자. 특정인의 범죄 사실을 밝혀내고 처벌하는 '형사절차'는, 해당 사회의 법치가 어떤 수준인지 평가하는 가장 중요한 기준 가운데 하나다.

다만 북한의 형법을 논의하기에 앞서 형사절차 자체에 대해 정리하고 넘어가야 할 듯하다. 일반적으로 형사절차를 규율하는 법률은 크게 두 가지다. 형법과 형사소송법. 두 법률이 함께 있어야 관련 국가기관이 자의적으로 시민들의 기본권을 침해하지 못하도록 막을 수 있다.

형법은 어떤 행위가 범죄이고, 어떠한 형벌을 부과할 것인가를 규정한 법률이다. 예를 들어 '허락 없이 남의 물건을 몰래 가져가는 것이 절도이며 징역 몇 년까지 처할 수 있다'라는 식으로 말이다. 또한 어떤 행위가 범죄로 처벌받으려면 그 행위가 법률에 범죄라고 명시되어 있어야 한다. 그렇게 해야 국가권력이 제멋대로 시민의 특정 행위를 범죄로 몰아 불이익을 주는 사태를 막을 수 있다. 또한 처벌의 강도(예컨대 절도는 6년 이하의 징역 또는 1000만 원 이하의 벌금이라는 식)까지 정해놓는다. 그 이상으로 처벌해서는 안 된다는 이야기다. 국가권력으로부터 시민을 보호하는 형법의 기능이다.

이에 비해 형사소송법은, 절도 같은 범죄가 발생하는 경우 이를 어떻게 적발해서 수사하고 기소하며 재판에서 선고된 형벌을 집행할 것인가에 대해 규정한 법률이다. '누군가를 체포했을 때 48시간 내로 구속영장이 발부되지 않으면 석방해야 한다'거나 '불법적으로 수

집한 증거는 유효하지 않다' 등이 형사소송법의 규정들이다. 형사소송법이 없고 형법만 있으면 어떤 일이 벌어질까? 수사기관이 용의자를 무기한 구금해놓거나 고문해서 자백을 받아내면 그만이다. 증거를 조작할 수도 있다. 이런 사태를 막기 위해 형사소송법이 있는 것이다. 미리 형사절차를 정당하게 진행하는 규칙을 정해놓아야 권력이 시민을 마음대로 해치지 못한다.

사실 한국에서도 형사소송법이 잘 정비되어 적용되기 시작한 것은 겨우 1987년의 시민혁명(6월항쟁) 이후다. 그전에도 형사소송법에 고문 등의 행위를 금지하는 항목이 명시되어 있긴 했지만, 수사 현장에서는 고문이 자행되었다. 그러다가 서울대 학생 박종철이 수사관들로부터 고문 살해당하고 이를 계기로 시민혁명이 폭발했던 것이다.

당시의 형사소송법에도 검사는 기소(형사사건 용의자에 대해 법원의 심판을 구하는 행위)하고, 판사는 재판(유·무죄를 가리고 형량을 결정)하도록 규정되어 있었다. 그러나 정치적인 시국 사건에서는 안기부(국정원의 전신)가 판결에 개입하기도 했다. 안기부 담당직원이 '징역 몇 년'이라고 쪽지에 써서 판사에게 건네면 그대로 판결하는 경우가 많았다. 이를 '정량제'라고 불렀다. 그러다 보니 시국 사건에 연관된 이들은 판사를 못 믿겠다며 재판을 거부하거나 심지어 난동을 피워 재판정을 뒤집는 경우도 있었다.

판사는 검사가 기소한 대로 판결하는 직무가 아니다. 중립적 위치에서 검사와 피고인의 다툼을 살피고 판정해야 한다. 판사가 피고인의 항변권과 방어권을 보장해줘야 하는 이유다. 그러나 법치주의가 성숙하지 못한 나라에서는 흔히 검사와 판사가 한편이 돼서 형벌권을 행사한다. 1987년 이전의 한국에서는 '사전심리'의 관행이 굳게 자리 잡고 있었던 셈이다.

이런 관행을 뒤엎은 사람이 바로 지난 2006년 당시 이용훈 대법원장이었다. 그때까지만 해도 판사들은 검찰조서를 바탕으로 판결했다. 검찰조서가 피고인의 유죄를 입증하는 증거로 절대적인 지위를 갖고 있었던 것이다. 그런데 이용훈 대법원장은 공판중심주의에 따라 검찰조서 내용의 진위를 법정의 반대신문을 통해 확인하겠다고 선언했다. 지극히 당연한 처사지만, 당시 검찰은 엄청난 강도로 반발했다. 따지고 보면 한국 법치주의의 역사도 이렇게 일천하다.

북한은 어떻게 재판을 할까?

북한에서는 형사절차가 어떻게 진행될까? 흔히 거론되는 인민재판 혹은 군중재판으로 이루어진다. 상당수의 재판이 광장에서 공개리에 이루어진다. 이른바 현지공개재판이다. 언뜻 보면 민주적이고 공개적으로 진행되는 '좋은 재판'인 듯하지만 사실은 그렇지 않다. '위'에서 정해놓은 판결을 동원된 군중으로 인증하는 절차에 불과할 가능성이 크다. 광장에서 핸드 마이크 등을 통해 피고인의 죄상을 고발하고 노동단련형 같은 형벌을 선고한다. 검사가 피고인의 범죄 사실을 공개적으로 고발할 수 있는 반면, 피고인은 항변도 못한다. 이런 가운데 방청객이 나서서 피고인을 질타한다. 재판이라기보다 피고인을 규탄하는 대중 집회에 가깝다. 기본적으로 검사와 피고인이 서로 다

투고, 판사가 중립적으로 판결하는 구조가 만들어져 있지 않은 것이다. 한국인의 시각에서는 이런 행위를 재판이라고 판단하지 않을 것이다. 그러나 오히려 북한의 형사소송법(285조)엔 '인민재판'을 하라며 다음과 같이 규정해놓고 있다.

재판소는 군중을 각성시키고 범죄를 미리 막기 위하여 현지에서 재판심리를 조직할 수 있다. 이 경우 기관, 기업소, 단체의 대표가 범죄자의 행위를 폭로규탄하게 할 수 있다.

해외의 동영상을 비디오나 CD 등으로 보다가 적발되면 현지공개재판을 통해 노동단련형 같은 처벌을 받기도 한다. 북한에서도 피고인의 유죄를 주장하는 검사와 유·무죄 여부를 객관적으로 판단해야 하는 판사가 외형적 차원에서는 서로 독립되어 있다. 검사는 검찰원 소속이고, 판사는 사법부 소속이다. 그러나 검찰원과 사법부가 모두 조선노동당의 '지도'를 받는다. 형식적으로는 검사와 판사의 조직이 분리되어 있지만, 실질적으로는 노동당의 일률적 관할 밑에 있다.

현지공개재판의 경우, 재판정에서 검사와 피고인 간의 다툼이 이뤄지지 않는 것을 보면 북측의 형사절차가 어떻게 진행되는지 대충 짐작할 수 있다. 우선 검사가 자백이나 증거 등을 모아서 기소한다. 이를 북한에서는 예심豫審이라고 부른다. 판사는 검사의 기소 관련 자료들을 미리 본다. 앞뒤가 맞지 않는 부분이 있다면 검사에게 '서류를 다시 맞춰 와라. 증거도 보강해라'고 요청하게 된다. 이른바 '사전

북한은 미국인 오토 웜비어 이전에도 불충분한 증거와 불공정한 절차로 외국인들을 간첩죄로 처벌하곤 했다. 사진은 2014년 북한 여행 중 간첩죄로 체포돼 6년의 노동교화형을 선고받은 매튜 밀러로, 다행히 그는 판결 몇 개월 후 전격 석방되어 귀국할 수 있었다.

심리'다. 이처럼 판사와 검사 간에 사전심리를 하게 되면, 검사는 절대 패배할 수 없다. 따라서 판사는 공판을 유심히 지켜볼 필요가 없다. 판결이 공판 이전에 이미 정해져 있기 때문이다. 재판은 '범죄 예방을 위한 행사'로 전락한다. 더욱이 북한에서는 판사가 정식으로 법률교육을 받은 법률전문가가 아닌 제대군인인 경우도 있다.(심지어 중국도 마찬가지다.)

어떤 나라에서도 검사는 실수를 범할 수 있다. 다만 법치주의가 관철되는 재판정이라면, 검사의 잘못된 수사나 기소는 피고인의 무죄로 이어진다. 한국 같은 나라에서는 검사가 허술하게 기소하면, 재판정에서 피고인 측이 검사의 맹점을 지적하며 유리한 입장으로 올라선다. 공판에서 검사와 피고인의 지위는 대등하다. 판사는 양측의 주장을 종합적으로 판단해서 판결한다. 판사가 검사와 미리 의견을 주고받는 것이 아니라 공판 과정을 지켜보며 판단을 내려야 한다는 이야기다. 검사가 서툴게 기소하면 패배하는 것(무죄 판결)이 당연하다. 이른바 공판중심주의다. 판사가 사건의 실체에 대한 모든 심증을 공판 과정을 통해 형성해야 한다는 의미다.

한 사람의 인생을 가를 수 있는 재판이 북한에서는 사실상 범죄 예방을 위한 공적 행사처럼 이루어지는 모습을 통해 우리는 북한 법치주의의 수준과 더불어 북한 사회에서 '개인'과 '인권'의 지위를 미루어 짐작할 수 있다.

개성공단 사업의 충격

인권에서 가장 중요한 부분 중 하나가 소유권이다. 만약 국가가 개인 소유의 집이나 차, 재산을 아무 때나 빼앗아갈 수 있다면 인권이 보장되는 나라라고 하기는 힘들 것이다. 물론 현대 자본주의 국가들에서도 공공정책과 '개인의 소유권' 사이의 갈등을 둘러싼 정치적, 법적 논쟁이 있기는 하다. 그러나 이는 소유권이 거의 인정되지 않는 기존 사회주의 국가의 문제와는 차원이 다른 사안이다.

북한은 땅에 대한 소유권이 일절 인정되지 않는 사회주의 국가다. 이로 인해 한국과 북한의 협력사업인 금강산 관광 및 개성공단 사업을 개시할 당시, 양측은 각각 다른 의미에서 충격을 받게 된다. 한국의 독자들로서는 북한의 기존 사회체제와 이후의 변동을 이해할 수 있는 실마리가 될 만한 에피소드이니 꼼꼼히 읽어주시기 바란다.

금강산 관광과 개성공단 사업은, 북한의 주권이 미치는 지역에서 한국 민간기업들이 영리활동을 전개하는 형태의 남북협력사업이다. 그런데 양측은 처음부터 상상해보지도 못한 장벽에 부딪치게 된다.

협력사업을 시작하려면 가장 먼저 해야 할 일이 무엇일까? 사업장소를 명확히 구획하고, 그 지역에서 정해진 기간 동안 안정적으로 영업할 수 있도록 계약을 체결해야 한다. 그런데 이런 계약부터가 원천적으로 불가능했다. 사업 장소의 위치를 정확히 지정하는 데 필요한 지적도地籍圖가 없었기 때문이다. 지적도란 토지의 위치, 용도, 소유자 정보 등을 기입한 공적 서류다. 토지의 권리관계를 행정적, 사법적으로 관리하는 데 사용된다.

사회주의 북한엔 지적도가 필요 없었다. 모든 국토가 국가의 소유이기 때문이다. 땅에 경계를 그어 '누구의 것'이라고 등기(국가기관이 법적 절차에 따라 등기부에 부동산에 관한 일정한 권리관계를 적는 일)하거나 그 권리를 갖고 다툴 일이 원천적으로 발생하지 않는다. 그래서 지적도나 등기에 대한 관념 자체가 없었다. 일제강점기 당시 식민지 통치기구가 토지조사사업으로 만들어놓은 등기부가 있긴 했다. 그러나 해방 이후 노동당 정부가 전국토를 국유화하는 과정에서 일제의 지적도와 등기부를 폐기해버렸다. 이후 북한에서는 땅에 대한 측량 자체를 시도하지 않았다.

이로 인해 초기의 남북협력사업에 참여했던 사람들이 기묘한 경험을 겪는다. 예컨대 시범농장 사업을 추진하면서 비료나 종자 같은 물자를 지원하는 경우가 있다. 그런데 물자를 보낼 수가 없다. 지적도

파주시 남북출입사무소를 거쳐 북으로 출경하는 개성공단 기업 차량들. 이 길을 통해 들어간 것은 물자와 사람만이 아니었다. 반세기 넘게 '개인의 소유권'을 부인해온 북한은 공단 운영을 위해 불가피하게 시장경제의 근간이 되는 법과 제도를 도입했고, 이는 이후 북한의 변화에 중요한 계기로 작용했다.

가 없으니 시범농장의 위치를 정확하게 지정할 수 없었던 것이다. 이에 따라 '강원도 고성군 온정리 개울 건너편의 1000평'이란 식으로 시범농장을 표기했다고 한다.

그러나 개성공단이나 금강산 관광사업은 엄연한 영리활동이다. 해당 업체가 영업할 구역이 확실히 지정되지 않으면 계약도 어렵다. '금강산 일대' '추가령부터 어디까지' '개성공단 입구에서 북쪽으로 $1km$ 지점에 있는 $3000m^2$ 구역'이란 식으로 사업 장소를 획정할 수는 없는 노릇이다. 측량 자체가 안 돼 있기 때문에, 어떤 지역이 한국 기업 측의 사업지역이라고 명기할 수 없는 상황인 것이다.

1998년 출범한 금강산 관광사업의 경우, 항공사진을 찍어서 관광

사업 구역을 특정했다. 사진에다 선을 그은 것이다. 다만 항공사진은 정밀하지 않기 때문에 착오도 많았다. 그러다가 2004년부터 개성공단 사업을 하게 되었다. 금강산 관광사업보다 훨씬 까다롭다. 개성공단은 당초 개성의 100만 평 부지에 들어설 예정이었다. 일단 그 100만 평이 어디서 어디까지인지 정확히 정해져야 했다. 더욱이 100만 평 내부도 세세히 구획될 필요가 있다. 다수의 한국 기업이 들어가기 때문이다. 각 기업의 부지를 정확히 표시해놓지 않으면, 장차 기업 간에 시비가 벌어지게 된다.

그러나 개성에도 지적도가 없었다. 더욱이 각 기업들은 자사 건물이 들어서는 부지를 등기해야 하는데 '등기제도' 자체가 없었다. 결국 한국 측이 개성공단으로 관련 인력을 파견하여 새로 측량해서 지적도를 만들었다. 지금은 해당 100만 평에 대해서는 정확한 측량이 끝난 상태다. 개성공단 내의 어떤 땅이 어떤 기업에 속하는지를 표시하는 등기부도 만들어져 있다. 북한으로서도 완전히 새로운 경험이었을 것이다. 이전까지는 특정한 땅이 특정한 개인(기업)에게 속할 수 있다는 관념 자체가 없었기 때문이다.

북한의 다른 경제특구인 나진·선봉자유경제무역지대(이하 나선특구)의 경우, 지금까지도 측량이 이뤄지지 않은 상태다. 그런데도 중국 자본이 들어가 공장이나 시장 건물을 건립해놓았다. 지금까지는 나선특구가 그리 발전하지 않았고, 중국 자본의 사업장들도 서로 멀찍이 떨어져 있어서 큰 시비가 발생하지는 않은 것으로 알려졌다. 그러나 앞으로 입주 기업이 많아지면 기업들 간에 재산권 분쟁이 일어날 소지가 커질 것이다.

북한의 변화는 어떻게 가능한가

지금까지 보았듯이, 북한은 인권·법치·시장경제 측면에서 매우 미성숙된 국가다. 그렇다면 우리는 이런 북한의 변화 가능성을 어디서 찾을 수 있을까? 외부에서 북한 당국에 법치와 인권, 시장경제를 발전시키라고 경제제재나 무력으로 압박하면 그렇게 될까? 적어도 지금까지의 경험으로 미루어 본다면, 절대 그렇지 않다.

오히려 북한이 변화된 모습을 보여준 곳은 개성공단이었다. 북한이 공유재산인 토지를 개인(기업)에게 사적 수익 추구의 용도로 활용할 수 있도록 공식 허용한 최초 사례다. 남북 당국 간의 충돌이 잦긴 했으나, 남측(관리위원회)이 고안한 규범들이 사실상의 법률로 통용된 곳 역시 개성공단이었다.(5, 6장 참조) 북측이 자신들의 필요(세금 징수)에 따라 회계제도를 연구하고 심지어 연수생까지 배출하게 만든 것 역시 개성공단이었다. 개성공단 남측의 한 관계자 이야기를 잠깐 들어보자.

"남북의 제도와 사람이 섞인 개성공단의 경우, 사소한 경범죄에 대한 형사절차에서도 남북간의 충돌이 잦았다. 예컨대, 한국 노동자가 음주운전을 하다가 경미한 교통사고를 내는 경우가 있었다. 혹은 한국 노동자들이 개성공단의 술집이나 노래방에서 만취한 상태로 싸움을 벌이기도 했다. 이런 경우, 남북한 가운데 어느 쪽이 수사를 해야 할까? 개성공단 초기엔 북측이 수사권을 고집했다. 그러나 시간이

가면서 차츰 '경범죄니까 남측이 알아서 처리하라'로 입장이 바뀌어 갔다."

더욱이 북한은 개성공단에서 학습한 내용을 다른 지역이나 체제 전반으로 확산시키기도 했다. 예컨대 나선특구의 입주 기업에 대해서는 '국제적으로 통용되는 회계'를 적용하기로 관련 법률에 명시했다. 2009년엔 부동산관리법을 제정한다. 이 법률의 핵심 내용은, 북한 내의 땅을 특정 개인(기업)에게 수십 년에 걸쳐 장기간 배타적으로 '사용'할 수 있도록 하는 것이다. 개성공단에서 한국 기업에만 허용한 사용권을 전 국토의 전체 공민에게로 확산시키는 조치다. 북한의 개혁·개방 및 시장경제 육성에 대한 의지를 보여주는 법률이라고 할 수 있다.

물론 공식적으로 전국토의 소유권은 조선민주주의인민공화국에 속한다. 그래서 개인(기업)에겐 이용권만 인정하겠다고 규정한다. 그러나 중국의 경험에 따르면, 토지에 대한 이용권은 결국 '사실상의 소유권'으로 발전하게 된다.(2장 참조) 개인(기업)들의 부동산 이용권(사실상의 소유권)이 법률 제도적으로 인정되어야 시장경제가 발전할 수 있다. 다만 부동산관리법이 실제로 시행되려면, 지적도를 먼저 만들어놓아야 한다. 전국토를 측량해야 하는데 여기엔 엄청난 자원이 소요된다. 앞으로 북한 당국이 현실적인 필요성을 느껴야 측량에 들어가고, 이에 따른 부동산관리법의 시행도 가능해질 것이다. 현재 부동산관리법이 실효적으로 적용되는 지역은 개성공단 특구밖에 없다.

또한 북한 당국은 개인 소유권과 시장을 인정하는 쪽으로 제도를 바꿔나가야 할 인센티브를 갖고 있다. 비록 비공식적이지만 북한 내부에 이미 광범위하게 시장이 발전한 상태이기 때문이다. 인민 생활에서 엄청난 비중을 차지하고 있는 시장을 법률적으로 인정하지 않으면 체제 자체가 불안해질 수밖에 없다.

이미 법치주의에 너무나 익숙한 한국 독자들은 북한에서 일어나고 있는 이런 변화의 중요성을 간과할 수도 있다. 그러나 북한이 법을 만들어 그것을 적용하기 시작했다는 건 보통 일이 아니다. 우리가 보아왔듯이, 북한에서는 조선노동당 혹은 김정은의 의향대로 통치가 이루어져왔다. 그들이 원하기만 하면 별다른 근거 없이도 누군가를 가두거나, 재산을 몰수하거나, 심지어 목숨을 빼앗을 수도 있었다. 그러나 이를 규정하는 법제도가 생기고 나면 북한 당국의 이런 자의적인 통치는 점차 자연스럽게 제한될 수밖에 없다. 작은 것이라도 명문화된 법 규정이 생기면 보호받을 수 있는 근거가 된다. 법의 보호를 통해 북한 주민들의 권리가 실질적으로 신장될 수 있는 것이다. 세계 역사적으로도 법치는 인권과 민주주의 발전의 디딤돌이었다.

물론 북한은 이제 겨우 경제 관련 법제도 몇 개를 도입하고 있는 정도다. 법치라 이름할 수준에는 한참이나 멀다. 그러나 큰 변화도 작은 것에서부터 시작하는 법이다. 앞으로 이런 흐름이 계속된다면, 토지이용권(사실상의 소유권) 허용은 재산권을 허용하는 수준으로 발전할 것이며, 계속해서 다양한 권리를 법적으로 보장하게 될 것이다. 또 개인간의 권리가 충돌하면서 민사소송제도 역시 필요해질 수밖에 없다. 나중에는 개인이 국가와 충돌하면서 북한 당국에 행정소송을 제기하는 일도 생길 것이다. 개인의 권리가 법으로 보장되고 개인의 힘이 커지면 인민재판이나 강제수용소는 자연스레 사라질 것이다.

아직은 먼 일일지 모르지만, 지금 북한에서 일어나고 있는 변화들은 그것이 현실이 될 수 있음을 보여준다. 그리고 북한보다 몇십 년 앞서 개혁·개방을 택한 중국의 오늘날 모습에서 그럴 가능성은 얼마든지 찾을 수 있다.

우리가 북한의 법제도 도입에 주목해야 하는 이유가 여기에 있다. 북한의 법치로의 변화는 하루아침에 오는 것이 아니라 크고 작은 법률의 도입과 그 실행으로 이뤄지는 것이기 때문이다.

그렇다면 북한 당국이 어떻게 제도를 바꿔나가게 촉진할 수 있을까? 지속적인 교류·협력밖에 없다. 특히 개성공단 같은 특구의 '실험'을 지원해서 성공시켜야 한다. 사회주의 국가의 정부로서는 특구에서 시장주의 제도를 실험할 수밖에 없다. 또한 변경의 특구에서 성공한 제도들은 조심스럽게 내륙으로 도입되게 마련이다. 마침 지금은 북한 당국이 경제난과 내부의 시장화로 인해 시장주의 제도의 도입이 절실한 시기다.(3,4장 참조) 이런 과정에서 시장과 함께 민주주의와 인권을 발전시키는 법제도적 변혁들이 이루어지게 된다.

외부의 강요로 법치주의를 실현시킬 수는 없다. 그보다는 북한이 제정만 해놓은 법을 전국 차원에서 시행할 수 있는 여건을 조성해야 한다. 즉, 법치주의를 시행할 수밖에 없는 '현실'을 만들어가야 한다. 중국의 개혁·개방 과정을 좋은 사례로 참고할 수 있을 것이다.

제2장

오늘의 중국에서
내일의 북한을 보다

———

중국의 혁명가이자 초대 주석인 마

오쩌둥은 자존심 강한 낙관주의자였다. 1957년 11월, 후루시초프 서

기장과의 회담을 위해 방문한 소련 모스크바에서 매우 득의양양하게

연설했다. "중국은 15년 이내에 철강 제품과 기타 주요 공산품에서

영국을 따라잡게 될 것입니다." 그는 당시 영국·미국 등 자본주의 국

가들이 얼마나 가공할 생산력을 갖추고 있는지 알지 못했다. 그러나

스스로는 세상을 다 안다고 자부했고, 이듬해 8월 열린 중국 공산당

정치국 확대회의에서 인민들의 경제생활에 엄청난 영향을 미칠 두

가지 결정을 강행했다.

하나는 인민공사 창설이었다. 한마디로 표현하자면, 당시 농촌사

회에다 '능력에 따라 일하고 필요에 따라 분배받는' '공산주의 공동

체'를 갑자기 만들어버린 것이다. 이전엔 200~300호 정도의 농가

가 함께 출자(자신의 땅을 집단농장 소속으로 전환)해서 설립한 집단농장

이 농촌의 주된 생산단위였다. 집단농장에서는 농민들이 공동으로 일했다. 그러나 토지와 농기구는 개인 소유였다. 농민들의 수입 역시 어떤 일을 얼마나 많이 하느냐에 따라 제각기 분배되었다. 각 농민의 지분(집단농장에 출자한 땅과 농기구)도 인정하여 지분이 많을수록 높은 수입을 얻을 수 있었다.

이에 비해 인민공사는 대단히 급진적인 생산·생활 공동체였다. 4000~5000호에 이르는 농가를 하나로 묶었다. 모든 토지와 농기구를 인민공사의 소유로 전환시켰다. 개인적 소유가 완전히 소멸된 것이다. 농민들의 수입 역시 균일적인 무상분배로 대체되었다. 모든 농민들이 공동식당에서 무료로 식사했다. 마오쩌둥이 인민공사를 현지 시찰하다가 참새들이 곡식을 쪼아 먹는 장면을 보고 "해로운 새다"라고 한 뒤엔 모든 농민들이 참새잡이에 동원되어 씨를 말린 일도 있었다. 인민공사는 결국 농민들의 생산의욕 저하로 이어져 몇 년 뒤 닥친 대기근의 씨앗이 된다. 참새가 사라진 것도 재앙이었다. 참새의 먹이였던 해충의 수가 늘어나면서 농업 생산량에 결정적 타격을 가했기 때문이다. 몇 년 뒤 중국 정부가 소련으로부터 참새를 수입했다는 이야기도 나온다.

또 하나는, '1년 이내에 중국의 철강 생산량을 두 배로 늘리기 위해' 각 가정마다 작은 '뒤뜰 용광로'를 설치하는 방안이었다. 당시의 중국엔 그야말로 도처에 용광로가 즐비했다. 열차를 타고 들판을 지나면, 추수철인데도 건장한 남자들이 농사일을 하는 모습을 볼 수 없었다고 한다. 모두 뒤뜰 용광로로 연료와 원자재를 나르고 있었기 때문이다. 인민들은 심지어 집안의 냄비와 주전자, 문고리, 삽, 가래까지 용광로에 집어넣었다. 그러나 이런 용광로에서 멀쩡한 철이 나올 리 만무했기에, 철강 증산 운동은 대실패로 막을 내렸다.

이런 에피소드로 알 수 있듯이, 1949년 건국된 중화인민공화국은 법치국가가 아니었다. 공산당이나 주석의 한마디로 인민의 사회경제 생활을 완전히 뒤엎을 만한 조치들이 태연히 시행되었다. 법치法治가 아니라 인치人治였다. 마오쩌둥이 "인민공사는 참으로 위대하오"라고 하면 한두 달 만에 전국적으로 인민공사가 만들어졌다. 이로 인해 개인 농가가 겪게 되는 소유권 및 개인 생활의 상실 따위는 전혀 고려되거나 논의되지 않았다. 마오 주석이 '뒤뜰 용광로'를 설치하라고 하면 그 방식으로 제대로 된 강철이 생산될지 여부도 따지지 않은 채 전국이 '제철製鐵'의 열기로 넘실거렸다. 반우파 투쟁이나 문화혁명 당시엔 수많은 지식인들이 이웃의 대자보 고발 하나로 규탄받고 고문당했으며, 재판 없이 오지나 강제노동수용소에 격리되었다.

현대 중국에서 법치주의가 그나마 실현되기 시작한 것은 1978년의 개혁·개방 이후다. 그 과정을 살펴보기에 앞서, 법에 대한 중국의 전통적 관념부터 짚어볼 필요가 있다.

동양의 전통적 법 관념

중국의 전통에서 법치주의를 찾으면 아무래도 춘추전국시대의 법가 法家를 거론하게 된다. 법가는 '공을 세운 자에게는 상, 나쁜 짓을 한 자에겐 벌'이란 신상필벌信賞必罰의 원칙을 엄격하게 세워 부국강병富

國强兵을 이뤄냈다. 예禮와 인仁을 강조한 유가와 달리 법가는 힘과 법으로 세상을 교화하려 했던 것이다. 법가의 경세는 대단히 효율적이었다. 법가 사상을 전격 수용한 진秦이 춘추전국시대 최후의 승자가 된 것은 우연이 아니다.

그러나 법가는 피치자에게 매우 혹독했다. 약소국인 진을 불과 20여 년 만에 당시의 패권국가로 발전시킨 상앙은 이른바 변법變法(법으로 나라의 질서를 세우는 개혁정치)을 통해 모든 백성을 5, 10가구 단위로 묶어 세금과 병역의 의무를 부과했다. 같은 단위로 묶여 있는 가구 중에서 범죄가 발생할 경우 미리 고발이 없다면 모든 가구를 함께 처벌하는 연좌제도 시행되었다. 이웃과 육친의 정까지 저버리도록 만드는 감시·통제 시스템을 구축한 것이다. 이후 상앙은 모함을 받아 이웃나라로 탈출하게 되는데, 본인이 만든 법 때문에 절체절명의 곤경에 처하게 된다. 국경의 수문장은 한밤중엔 문을 열 수 없다는 법 때문에, 여관 주인은 여행증 없는 자를 숙박시켜서는 안 된다는 법 때문에 상앙에게 일체의 편의를 제공하지 않았다. 당시 상앙은 "법의 폐해가 이렇게 무섭구나"라고 부르짖었다고 한다. 작법자폐作法自斃(자기가 만든 법에 자기가 죽다)가 여기서 나온 고사다.

이런 고사故事가 만들어졌다는 사실 자체에서 법가에 대한 동양 전통사회의 회의적인 시각을 엿볼 수 있다. 실제로 전통적 중국사회에서 헤게모니를 누린 사상은 법가가 아니라 유가였다. '힘과 법'이 아니라 '인과 예'로 세상을 교화해야 한다는 것이다. 유가의 이상은 '통치자의 자애로운 인치人治'라고 할 수 있다. 유교에서 법이란, 뭔가 과용해서는 안 되는, 위험한 것이다. 통치자가 법을 지나치게 중시해서는 안 된다는 의미다.

물론 현실적인 필요로 동양 전통사회들도 대개 법전을 갖고 있었다. 중국에 『당률』(당나라의 형법), 『대명률』(명나라에서 당률을 참고해서 만든 기본 법전)이 있다면 조선엔 『경국대전』(조선시대의 기본 법전)이 있었다. 그러나 동양 전통사회의 '법'은, 17세기 계몽주의 이후 발전해온 서구사회의 법과 많이 다르다. 서구의 근대 법률은 통치자의 전횡을 견제하는 데 무게중심을 뒀다. 그러다 보니 피치자들이 법의 제정을 통제해야 하고, 권력 역시 법에 구속되어야 한다는 근대적 관념이 싹틀 수 있었다. 대표적 사건이 바로 명예혁명이다. 영국 의회가 1689년, 제임스 2세를 폐위하고 윌리엄 3세를 왕으로 추대하는 대신 「권리장전Bill of Rights」을 승인하도록 강제했다. 「권리장전」의 핵심은, 왕이 멋대로 법을 만들거나(또는 폐기하거나) 세금을 걷지 못하게 한 것이다. 그런 경우에 반드시 의회의 승인을 받도록 해서 왕권을 제약했다. '법은 공정하고 적절하게 운영되어야 한다'라는 조항을 삽입함으로써, 왕 역시도 법률을 지켜야 하는 존재로 만들었다.

이와 달리 동양 전통사회의 법은, 군주가 자신의 필요에 따라 권력을 행사해서 피치자들을 통제하는 근거로 활용된 측면이 강하다. 통치자들은 해당 법률이 규율하는 대상이 아니었던 셈이다. 피치자는 법을 지켜야 했지만, 통치자는 그럴 필요가 없었다.

다만 중국에서도 17세기 초 명청明淸 교체기에 명나라 유신遺臣(망한 왕조에 변함없이 충성을 바치는 신하)들 사이에서 법에 대한 새로운 인

17세기 중국의 학자 황종희는 저서 『명이대방록』을 통해 동아시아에서 자생적으로 나타난 민주주의와 법치주의의 싹을 보여주었다.

식이 나타난 적이 있다. 명나라가 망한 뒤 청에 저항하다가(반청복명反淸復明 운동) 낙향해버린 선비들이 남긴 저서 가운데서 그런 대목이 발견된다. 대표적으로 황종희黃宗羲의 『명이대방록明夷待訪錄』이 있다. 명나라 멸망이라는 충격적 사건의 원인을 규명하면서 새로운 국가질서를 모색하는 이 책엔 "일가의 법을 천하의 법으로 바꿔야 한다"라는 충격적인 구절이 등장한다. '왕에게만 이로웠던 법을 모든 사람에게 이로운 법으로 교체하자'는 의미다. 유가 지식인들 중심으로 의회 비슷한 기구를 만들어 의견을 수렴하는 방법으로, 질서(법)를 세워 나가자는 주장도 있다. 황제도 이 질서에 순응해야 한다. 일종의 '귀족 민주주의(권력에 유가 지식인까지 참여하는 지배 시스템)'지만, 권력의 구성을 황제 1인에서 유가 지식인들로까지 확대했다는 것만으로도 의의가 있다. 당시 이런 사상을 공유했던 명나라 유신으로는 고염무·왕부지 등이 있었다. 이들이야말로 중국에서 자생적으로 형성된 근대 민주주의와 법치주의의 씨앗이었다.

이들의 사상이 다시 주목받은 것은 200여 년 뒤인 19세기 후반이다. 중국이 서구와 일본의 반식민지로 전락한 시기다. 강유위, 양계

초 등 변법자강變法自疆 운동가들이 『명이대방록』에서 깊은 영감을 얻었다. 그들 역시 민족주의에 기반한 국가개혁과 근대화를 갈망하고 있었다. 『명이대방록』은 국가개혁의 방향을 제시해주는 안성맞춤의 참고자료였던 셈이다. 그러나 변법자강 운동은 결과적으로 실패한다. 근대적 민주주의와 법치주의의 가능성도 함께 사라졌다. 대신 마오쩌둥이 이끈 중국 공산당이 항일투쟁과 국공내전에서 승리하면서 공산주의 대국인 신중국이 1949년에 건국된다.

혁명과 법률

집권한 중국 공산당은 대륙에서 급진적인 사회혁명을 추진했다. 지주계급의 땅을 몰수하고 친일파와 '반동 계급'을 무자비하게 숙청했다. 사회혁명이란, 법을 지키기보다 기존의 법을 파괴해야 하는 체제 변동의 시기다. 사회혁명의 주도자가 초법적 권력을 갖게 되는 것은 어쩌면 지극히 당연한 일인지도 모른다. 1950년, 한국전쟁이 발발하자 마오쩌둥 정권은 '항미원조抗美援朝(미국에 대항해서 조선을 원조한다)'의 기치를 들고 한반도로 군대를 파견한다. 국가 제도의 틀을 만들기보다 혁명과 전쟁으로 중국이 들뜬 시대였다.

마오쩌둥 정권이 국가의 틀을 꾸리기 시작한 것은 한국전쟁 이후부터다. 1954년에 '사회주의 헌법'을 제정한다. 이 헌법에 따르면, 중국의 정치체제는 '인민민주주의'이며 '인민독재'다. 여기서 인민은 노동자와 농민을 중심으로 다양한 '민주계급'과 민족들을 통틀어 일컫는 개념이다. 민주주의는 이런 인민들 사이에서만 작동한다. 자본가와 지주 등 '낡은 지배계급의 잔재'들은 무자비한 '인민독재'의 대상일 뿐이다. 이 같은 민주주의와 독재를 통해 '지배와 착취 없이 모든 인민이 능력에 따라 일하고 필요에 따라 분배 받는' 공산주의 사회로 가겠다는 것이다. 이런 인민의 대표는 당연히 중국 공산당이다.

당시 중국 공산당의 이런 인식을 감안하면, 1954년에 형법을 제정하려다 실패한 것은 이상한 일이 아니다. 근대 형법의 핵심 원칙은 '인민은 법률에 의거해서만 처벌 받는다'는 것이다. 즉 법률에 어떤 행위를 하면 어떤 처벌을 가한다라고 규정되어 있어야, 벌금이나 징역형을 부과할 수 있다. 만약 누군가가 막연히 '나쁘게 보이는 짓'을 해도 그 행위가 법률상 처벌 가능한 것으로 명시되어 있지 않다면, 제재할 수 없다. 그러나 중국에서는 개혁·개방 이전까지, 형법도 없는 상황에서 수천만 명이 징역·강제노역·사형 등의 처벌을 받았다. 즉 통치자인 중국 공산당이 법률과 무관하게 인민들을 처벌할 수 있었던 것이다.

문화혁명(1966~1976) 당시엔, '자본주의의 길을 좇는 부르주아 세력을 타도하자'며 당 간부는 물론 정부 관료, 기업 지배인, 교사 등 수많은 사회지도층들을 감금·고문하고 오지로 추방했다. 홍위병들을 동원해서 학교를 폐쇄하고 낡은 문화를 청소한다는 명목하에 문화재를 때려부쉈다. 홍위병들 사이에 내분이 발생하면서 중국 여기저기에서 소규모 내전이 빈발하자 인민해방군을 동원해서 공장과 정부기관, 학교 등을 점거하기도 했다. 그러나 감금·고문·추방 당한 사람들이 형법에 따라 처벌받은 것은 아니었다. 국가기관인 인민해방군이

문화혁명 당시 행해졌던 막무가내식 조리돌림과 문화재 파괴는 당시 중국사회가 반(反)법치사회였음을 보여준다.

공장과 정부기관을 접수하는 것 역시 합법적인 행정조치에 따른 것이 아니었다. 오직 조반유리造反有理(모든 반항과 반란에는 나름대로 정당한 도리와 이유가 있다) 같은 계급투쟁 선동에 따라 정당화되었을 뿐이다. 법이 아니라 중국 공산당과 마오쩌둥의 권력만이 존재했다. 중국 공산당은 봉건시대의 통치자들과 마찬가지로, 법률 위에 서서 권력을 행사했던 것이다.

같은 시기의 북한도 비슷한 상황이었던 것으로 보인다. 김일성은 현장지도를 하는 과정에서 다음과 같은 이야기로 법치주의를 공격한다. "당의 지도를 거부하고 헌법·법률의 지배를 운운하는 것은 반동적이다." 1950년대 중반엔 "치열한 계급투쟁의 환경 속에서 사회주의를 건설"하려면 "계급적 원쑤"에 대해 단호히 조치해야 한다고 강조하며, "준법성"을 운운하는 것은 "우리 국가의 프롤레타리아 독재 기능을 약화시키는 책동"이라고 주장했다.[•] 조선노동당 중앙위원회

상무위원이었던 박금철은 이른바 '반反혁명 분자'들도 합법적인 절차를 밟아 처벌해야 한다고 주장한 당 간부들을 '종파분자'로 매도하면서 이렇게 말했다.

(종파분자들은 다른 나라들의 수정주의자처럼—인용자 주) 프롤레타리아 독재에 대한 맑스레닌주의 학설을 거부하여 나섰으며 부르주아적인 자유에 대한 권리를 제창하는 등 우경 투항주의로 전락했다. (…) 그들은 준법성이니 인권옹호니 하는 구실하에 반혁명분자들의 무죄석방을 획책했다.**

'사회주의 법치'가 천명되다

사회주의 중국에서 근대적 법치주의라는 개념이 성립된 것은 1978년의 삼중전회三中全會에서였다. 중국 공산당은 5년마다 전국 각지의 지역 공산당 대표들을 모아 '전국대표회의'를 연다. 지역 공산당 대표들은 이 회의에서 중앙위원을 선출한다. 중앙위원들은 공산당·정부·인민해방군 등 중국의 권력기관들에서 최고 직위를 가진 자들로, 1년에 1~2차례 전체회의를 연다. 이 '중앙위원회 전체회의(중전회)'가 중국 국가와 공산당에서 사실상의 최고 의사결정 기구다. 중전회

● 김일성, 「사회주의 건설에서 혁명적 고조를 일으키기 위하여—조선로동당 중앙위원회 전원회의에서 결론」, 1956. 12. 31., 『김일성 저작집』 제10권

●● "당의 통일과 단결을 더욱 강화할 데 대한 조선로동당중앙위원회 부위원장 박금철 동지의 보고", 『로동신문』, 1958. 3. 6.

는 여러 차례 개최되는데, 세번째 회의가 가장 중요하다. 핵심 의제에 대한 중국 공산당의 결정이 주로 세번째 회의에서 발표되기 때문이다. 중국 건국 이후 가장 중요한 사건 중 하나인 '개혁·개방'이 확정된 것도 덩샤오핑이 주재한 11기 중전회의 세번째 회의(1978년 12월18일)였다. 이 세번째 회의를 '삼중전회'라고 한다. 이후 중국에서 새로운 지도부가 등장하면 중앙위원회의 세번째 회의(삼중전회)에서 장기 개혁노선을 표명하는 것이 전통으로 자리 잡았다.

그런데 사실은 중전회보다 더 중요한 권력기구가 있다. 삼중전회를 개최하기 직전에 공산당의 최고 수뇌부들이 모이는 중앙공작회의다. 중국의 개혁·개방을 결정한 11기 삼중전회 직전에 열린 중앙공작회의에서 덩샤오핑은 '법제도가 강화되어야 한다. 중국 공산당은 법에 의거해서 통치해야 한다. 그리고 법률과 제도는 지도자가 교체된다고 해서 바뀌면 안 된다'는 내용의 연설을 한다.

'사회주의 법치'의 원칙을 천명한 것이다. 당시 중국 공산당이 법치와 관련해서 내놓은 이른바 '16자 방침'은 다음과 같다.

법에 의거해야 하고, 법을 반드시 지켜야 하며, 법 집행은 엄격하게 하고, 위법은 바로잡아야 한다 有法可依, 有法必依, 执法必严, 违法必纠.

덩샤오핑 역시 문화혁명 때 하루아침에 모든 권력을 잃고 10여 년 동안이나 벽지로 추방된 경험을 갖고 있는 지도자다. 그의 아들은 홍위병들로부터 '아버지를 규탄하라'는 강요와 함께 고문당하다 창문에서 뛰어내려 평생 장애를 갖게 되었다. 그랬던 만큼 특정한 사람(마오쩌둥)의 개인적 의도에 따라 수많은 인민들을 죽지도 살지도 못하는 고통에 빠뜨릴 수 있는 세상이 지긋지긋했을 것이다. 더욱이 그에게는 젊은 시절 프랑스에 유학하면서 서구 민주주의와 법치주의를 엿본 경험도 있었다.

'16자 방침'에 따라 중국에서 형법이 제정된 것은 1979년이다. 필요하지만 제정되지 않은 여러 법규 가운데 가장 먼저 형법을 만들었다. 다만 한계도 컸다. 무엇보다 죄형법정주의가 명시되지 않았다. 1979년 당시의 중국 형법에서는, 법전에 명시된 범죄와 '비슷한 행위'에 대해서도 사법 당국의 판단에 따라 처벌할 수 있게 되어 있었다. 즉 사법 당국의 '유추'에 따라 특정 행위가 처벌될 수도, 처벌되지 않을 수도 있었다는 의미다. 1979년 형법은 '유추에 따른 처벌'을 명시하고 있다.

이런 관행의 배경엔 '못된 짓 한 놈을 처벌하지 않으면 정의가 아니다' '법조문보다 실질적인 정의가 관철되어야 한다' 같은 생각이 깔려 있었을 것이다. 또한 '인민의 권력이기 때문에 설사 법률로 엄격히 죄형을 규정하지 않는다고 해도 잘못된 판단을 내릴 리 없다' 같은 기대도 존재했을 터이다. 권력이 남용될 가능성에 대한 우려는 보이지 않는다. 중국뿐 아니라 사회주의 국가들의 초창기 형법들은 대체로 이런 측면들이 있었다.

같은 시기에 사회주의 헌법도 일부 개정됐다. 개정 이전의 중국 사회주의 헌법은 '군중 정치'를 '인민의 권리'로 규정하고 있었다. 마오쩌둥이 주도한 정치운동인 '반反우파 투쟁(중국 공산당이나 마오쩌둥에게 비판적인 지식인들을 우파로 몰아 탄압)'이나 문화혁명 시기 동안엔, 대자보가 사실상의 '기소장' 같은 역할을 했다. 이를테면, 누구든 특정인을 비판하는 대자보를 써서 게시하기만 하면 그 사람을 대상으로 하는 감금과 모욕과 욕설을 동반한 군중대회가 열렸다. 군중들이 피의자를 처벌하자고 하면, 정식 재판에 따른 심리도 없이 사형이나 장기간의 노동징역형을 집행할 수도 있었다. 개정 헌법은 이런 '군중정치' 관련 조항들을 폐지했다. 이것만으로도 엄청난 변화다.

'노동교양'에 대한 규정도 일부 수정했다. 1957년에 도입된 노동교양은, 경미한 범죄에 대해서는 용의자를 재판 없이 일정 기간 동안 '교화소'에 보내 억류하는 제도다. 공안당국이 재량에 따라 인민의 자유를 박탈할 수 있다는 의미다. 더욱이 한 번 들어가면, 교화소 자체의 심의를 통해 심지어 몇 년에 걸쳐 잡아둘 수도 있었다. 서방국가들이 '중국 인권침해의 증거'라며 집중적으로 공격하던 제도이기도 하다.

그러나 1980년대 초의 개혁은 그리 효과적이지 못했다. '노동교양 교화소'는 2013년에야 완전히 폐지된다. 개방에 따른 해외교류 확대, 서방국가의 압력, 민권의식의 향상 등으로 가능했던 일이다. 이처럼 1980년대 이후 중국의 법치주의는 느리지만 안정적으로 발전하게 된다. 중요한 사실은, 이런 법치주의의 발전이 경제특구 개발과 밀접하게 연관되어 있다는 사실이다.

개혁·개방이 법치의 발전을 가져오다

중국은 1980년대 초반부터 경제특구를 개발하기 시작한다. 최초로 특구로 지정된 선전深圳을 개발하기 위해 제정된 법이 바로 '광둥성 특구 조례'다. 이에 따라 선전에서는 '수권입법권授權立法權(특구에서 자체적으로 자치법을 만들 수 있도록 위임받은 권리)'을 누릴 수 있게 되었다.

이와 함께 개혁·개방을 위한 법들이 1980년부터 잇따라 제정된다. 이를테면, 채권-채무관계나 계약 등을 규율하는 법률들이다. 채무자가 돈을 갚지 않을 때 어떻게 받아낼지, 또 계약을 했을 때 어떻게 이행을 강제하고 불이행시에는 손해를 어떻게 배상하게 할지 규정이 필요해진 것이다. 1982년엔 헌법에 사유재산제가 명시된다. 같은 해, 「민법통칙」도 제정되었다. 특히 1984년엔 세수稅收 조례가 만들어진다.

여기서 조례는 '임시법'을 의미한다. 중요한 제도를 만들어야 할 때 중국에서는, 우선 최고행정기관인 국무원이 심의를 거쳐 조례부터 제정한다. 그 다음 단계로는 조례를 시행하면서 성과와 문제점을 평가한다. 일정한 시기가 지난 뒤엔, 조례의 문제점을 수정해서 전국인민대표대회(전인대)를 통해 법률로 제정한다. 세수 조례는, 세금을 어떤 절차로 어떻게 걷을 것인가에 대한 규정이었다. 8년 뒤인 1992년에 징수관리법으로 법제화되었다.

이외에도 회계·상속·은행 등 시장경제 관련 법규들이 공포된다. 사회주의 국가엔 공식적으로 존재하지 않던 개인의 사유재산과 비즈니스 활동을 허용하게 되면서, 이를 규율하기 위한 제도들이 정비된 것이다.

1980년대 후반에 나타난 또 하나의 중요한 변화는, 행정법규의 탄생이다. 행정이란, 국가가 공익을 위해 추진하는 각종 업무라고 할 수 있다. 개혁·개방 이전의 중국에서 행정은 그야말로 무소불위였다. 예를 들어, 공산당이 베이징의 어떤 주거지에 공원을 만들어야겠다고 결정하면, 거기에 있는 민가를 그냥 밀어버려도 괜찮았다. 그런데 행정법규를 만든다는 것은, 정부마저 스스로를 구속하는 규범에 따르기로 했다는 것을 의미한다. 정부가 특정 주거지에 공원을 만들기로 했다면, 행정법규에 따라 주민동의를 얻고 토지 수용절차로 정당한 대가도 치른 뒤에 비로소 건설하라는 것이다.

뿐만 아니라 1989년엔 행정소송법이 제정된다. 독자들은 실감 안 날지 모르겠지만 사실 이는 매우 놀라운 사건이다. 행정소송법은, 인민이 공권력의 부당한 행정을 시정하라며 국가에 소송을 제기하는 절차를 도입하는 법률이다. 사회주의 국가의 조직원리상, 공산당과 국가는 한동안 진리 그 자체로 여겨졌다. 사실상 정부인 공산당은 무오류의 조직이었다. 행정소송법의 제정은, 이런 공산당과 국가가 잘못된 행정을 펼칠 수 있다고 스스로 인정하는 행위다. 그 다음해(1990년)엔, '행정복의行政復議'가 조례로 만들어진다. 결정된 행정사항을 행정부 내에서 자체적으로 다시 한 번 심사하는 제도다.

중국 공산당이 법치주의를 강화할 수밖에 없었던 이유

이렇게 개혁·개방이 추진되던 1989년, 엄청난 사건이 터진다. 바로 천안문 사태다. 1989년 4월 사망한 개혁의 기수 후야오방胡耀邦을 애도하기 위해 천안문에서 열린 학생 시위가 대규모 반정부 시위로 발전하자, 6월 4일에 계엄군이 탱크와 장갑차를 동원해서 강제 진압해버렸다. 수천 명 규모의 사상자가 발생한 것으로 전해진다.

덩샤오핑은 천안문 시위를 유혈진압함으로써 서구식 법치주의와 민주주의에 대한 거부의사를 분명히 했다. 그럼에도 사회주의 시장경제와 외자유치에 대한 갈망은 중국 사회주의 체제의 변화로 이어졌다.

더욱이 진압을 주도한 덩샤오핑은 "서구식 삼권분립을 거부한다"라고 못박았다. 서구 법치주의와 민주주의를 거부한다는 의미였다. 많은 이들이 개혁·개방의 후퇴를 예상했다. 그러나 덩샤오핑은 3년여 뒤인 1992년 당대회에서 '사회주의 시장경제'를 다시 강조한 뒤 이른바 남순강화南巡講話에 나선다. 천안문 사태로 큰 충격을 받은 중국 지도부에서 개혁·개방에 회의적인 분위기가 팽배한 시기였다. 이런 상황에서 덩샤오핑이 상하이·선전·주하이 등 남방 경제특구들을 돌면서 '개혁·개방의 확대·강화'를 설파하고 다닌 것이다. 그의 남순강화는 전국적 지지를 받았다. 같은 해 10월 개최된 공산당 전국대표대회 보고서엔 연설 전문이 수록되었다. 이 사건은 중국 공산당이 개혁·개방 및 '법률을 통해서 사회주의 시장경제의 발전을 보장해야 한다'라는 의지를 재천명한 것으로 인식되었다.

이처럼 중국 공산당 지도부가 법치주의를 강화할 수밖에 없었던 이유가 있다. 결국 해외투자 때문이었다. 당시 저개발국이었던 중국은 개혁·개방 초기부터 '외국자본 유치를 통한 경제발전' 노선을 유지해왔다. 외국인 투자를 계속 유치하려면, 투자자들을 안심시켜야 한다. 예컨대 중국 정부가 외국인 투자자의 돈이나 업체에 부당한 피해를 끼치지 않는다고 보장해야 한다. 만약 그런 일이 벌어진다면, 중국 정부에 소송을 제기해서 시정할 수 있어야 한다. 행정소송법 등 각종 행정 관련 법률이 제정된 이유다.

또한 외자를 유치하려면, 외국 업체가 중국에서 마음 놓고 계약할 수 있어야 한다. 예컨대 외국 기업이 중국의 다른 업체로부터 중간재를 공급받기로 계약한 경우, 그 계약이 이행된다는 보장이 필요하다. 그렇다면 계약을 이행하도록 강제하는 법률이 있어야 한다. 또한 계약 불이행으로 피해를 입는 경우엔, 상대 업체의 자산을 강제 압류하는 등 배상받을 법률적 장치가 필수적이다. 이런 제도가 없다면, 투자도 대출도 이루어지지 않을 것이다. 그래서 개혁·개방 이후 채권·채무, 계약 등에 관한 법률들이 활발히 만들어진 것이다. 또한 중국 정부가 국내의 외국 기업으로부터 세금을 받으려면, 회계에 대한 규정과 세금 관련 법률도 필요했다.

물론 중국이 1980년대에 제정한 시장제도 관련 법률들이 처음부터 잘 작동한 것은 아니다. 그러나 외국자본을 유치하려면 상징적으로라도 이런 법률들을 만들어놓아야 했다. 아무리 거대한 변혁이라 할지라도 처음에는 이렇게 시작되는 것이다.

한편, 이후 밀어닥칠 사회적 변화에 대비하기 위해서도 법치가 필요했다. 개혁·개방 이전의 중국은 계획경제 시스템이었다. 정부가 일정한 종류와 규모의 재화들을 계획해서 각 국영 기업에 생산을 맡긴다. 이렇게 생산된 재화들은 인민들에게 배급되거나 국영 상점 네트워크에 정해진 가격으로 공급된다. 국영 기업(농장) 노동자는 생필품을 구입할 수 있는 정도의, 미리 정해진 임금을 받는다. 이런 시스템이라면, 인민(기업)들 간에 이익 충돌이 일어날 여지는 크지 않다. 정부가 시키는 대로 하면 된다. 당연히 인민들 간의 다툼을 조정할 법률의 필요성도 적다. 그러나 시장경제가 발전하면서 개인들 간의 권리 다툼이 늘면, 사회 갈등이 불가피하다. 이런 문제를 조절하려면 필요한 법률을 제정하고 시행해야 한다.

공산당이 법치를 좋아했기 때문에 중국의 법치가 현재 수준으로 발전했다고 보긴 어렵다. 오히려 외국자본이 중국으로 물밀 듯 들어오고 이에 따라 시장경제가 발전하면서 사회 구성원들 간에 이해관계를 둘러싼 싸움이 벌어지니, 중국 공산당마저 법치에 기댈 수밖에 없었다고 보는 것이 자연스럽다. 이와 대조적으로 북한에서는 개혁·개방이 진행되지 못했기 때문에 법치주의 역시 발전하지 못했다. 합영법合營法 같은 법률이 있었지만, 외국자본이 활발하게 들어오지 않으니 그야말로 '법을 위한 법'으로 전락해버렸다. 체제를 변화시키는 것은 이데올로기가 아니라 현실인 까닭이다.

북한 합영법의 경우

북한은 중국으로부터 '외국자본 다루는 법'을 배울 필요가 있다. 북한 역시 1980년대부터 외국자본을 유치하려 했으나 줄곧 실패해왔다. 그 최초의 시도가 1984년에 제정된 '합영법'이다. 여기서 '합영'이란 무엇일까? 외국자본이 북한에 투자해서 사업체를 설립할 때 선택할 수 있는 세 가지 기업 형태 중 하나다.

그 세 가지는 외자 단독기업, 합작기업, 합영기업 등이다. 외자 단독기업은 문자 그대로 외국자본이 북한 측의 공동투자 없이 단독으로 설립한 업체다. 북한 측의 투자를 받지 않았으므로, 경영권도 외국자본에 단독으로 부여된다. 다만 외국자본이 북한에서 단독으로 경영하기엔 현실적으로 어려운 여건들이 많다. 노동자 통제에서부터 북한 당국과 충돌하게 될 것이다. 당장 임금을 북한 돈으로 지급하느냐, 달러화로 지급하느냐에서도 문제가 발생할 수 있다.

합작기업은 북한 측과 외국자본이 공동으로 투자해 설립한 기업이다. 그러나 경영은 북한 측이 단독으로 한다. 이윤도 지분이 아니라 계약 조건에 따라 북한과 외국자본 사이에서 분배된다. 북한 측이 가장 선호할 만한 회사 형태다.

합영기업 역시 북한 측과 외국자본이 공동 출자해서 설립하는 사업체다. 다만 합작기업과 달리, 양자가 함께 이사회를 구성한다. 북한과 외국자본이 공동으로 경영한다는 의미다. 이윤은 지분율에 따

북한의 합영기업들(왼쪽 상단부터 시계방향으로 평화자동차, 묘향기술합영회사, DHL평양사무소, 평양대마방직합영회사). 합영법은 역사가 제법 오래된 법이지만 법과 현실의 괴리, 대북 경제제재 등 외부요인, 상호 불신 등의 문제로 아직까지 눈에 띌 만한 성과는 거두지 못하고 있다.

라 나눈다. 그러나 공동경영의 원칙은 지켜지지 않았다. 합영법에 따라 설립된 기업들을 보면, 지분도 대체로 북한 측과 외국자본이 각각 50 대 50으로 구성되지만 큰 의미가 없다. 사실상 북한 측이 마음대로 기업을 운영하기 때문이다. 합영기업으로 설립했는데, 사실상 합작기업으로 운영되는 것이다.

결과적으로 합영기업들은 거의 실패했다. 1990년대 들어서도 일본의 조총련계 자본이나 한국의 엘칸토 등이 합영 형태로 북에 투자했다. 그러나 대부분 쓴맛만 봤다. 당시 투자했던 기업들의 이야기를 들어보면 '합영기업 형태로 운영하려 했는데 북측이 경영권을 다 빼앗아가버렸다'라고 한다. 공동경영을 하려고 해도 그 한 축인 북한 측이 협조하지 않으면 아무것도 할 수 없고, 결국 현실은 북측의 단독경영으로 귀결되었을 것이다.

물론 합영법엔 외국인 투자자의 이익을 보호하는 조항이 있다. 투자자들이 투자한 돈에 대해 권리를 보장해야 외국에서 돈을 투자할 것이기 때문에, 그런 조항은 필수적이다. 그러나 결과적으로 법과 현실이 따로 놀아버린 것이다.

이후에도 북측은 외국인 투자를 받기 위해 나름 노력하고 있다. 1990년대엔 외국인투자법과 외국인기업법이 제정된다. 외국인 투자와 기업 설립·운영에 대한 기본법이라고 할 수 있다. 합영법도 이 체계 안에 포괄되었다.

그러나 법과 달리 북한 당국과 외국 기업 사이에 시비가 끊이지 않는다. 2014년에도 중국 기업이 북한에 합영 형태로 설립한 기업소를 둘러싸고 시비가 일어났다. 물론 틀어져버린 이유를 보면 딱 찍어 '북한 때문'이라고 말할 수 없는, 어쩔 수 없는 사정들이 조금씩은 있다. 예컨대 중국 기업이 약속한 투자를 해야 하는데 국제사회의 대북제재 때문에 그것이 잘 이뤄지지 않자, 북측이 약속한 투자를 이행하지 않는다는 이유로 기계 설비를 압수해버릴 경우 그 잘잘못을 따지기가 애매하다. 아무튼 외국 기업들이 북과 거래하는데 계약이 잘 이행되지 않았던 사례가 많다. 북한의 시장경제 수준과 관련 법제도가 외국인 투자자들의 신뢰를 얻기엔 아직 많이 부족하다.

'의법치국'의 탄생

이제 다시 중국으로 돌아가자. 1990년대의 중국에서는, 시장경제 운영에 필요한 법률들이 연이어 제정된다. 더욱이 헌법상 최고입법기관이지만 공산당과 국무원의 꼭두각시 노릇에 머물렀던 전국인민대표대회(전인대)가 비로소 입법 권한을 본격적으로 발휘하기 시작한다.

1994년, 전인대 위원장(한국으로 치면 국회의장)은 4종류의 법률을 만들어야 한다고 선언했다. 첫째로 사회주의 시장경제를 운영하는 주체, 즉 기업에 대한 법률이다. 둘째, 계약·증권·수표 등 시장경제 운영과 관련된 제도다. 전인대는 이미 1993년에 강제집행권(법원이 채무자의 원리금 상환을 강제)을 법제화했다. 셋째, 시장에서 독점 등 불공정 거래가 발생했을 때 국가가 개입해서 시장을 조절할 수 있는 장치다. 넷째, 사회보장에 관한 법률이다.

실제로 중국이 1980년대부터 시장경제를 도입하면서 이전엔 상상하지 못했던 사회현상들이 터져 나오기 시작했다. '평등하게 가난했던' 중국 인민들이 시장경제의 발전과 더불어 '많이 가진 자'와 '적게 가진 자'로 분리되었기 때문이다. 절도·강도·사기 등의 사건이 폭증하고, 불량식품이나 마약으로 돈을 벌려는 사람들도 나타났다. 그러자 1979년에 만들어놓은 형법으로는 이 새로운 범죄들에 제대로 대처할 수 없었다. 형법에 처벌 가능한 행위로 분류해놓은 범죄가 얼마 되지 않았기 때문이다. 물론 범죄가 발생할 때 그것이 형법에 수록된 어떤 범죄와 가장 유사한지 유추한 뒤 비슷한 형량을 부과할 수도 있다. 그러나 한계가 뚜렷했다. 범죄의 유형이 1979년의 상상을 초월했기 때문이다.

결국 현실에서 새로운 유형의 범죄가 발생할 때마다 그에 대처할 수 있는 법률을 기존의 형법과는 별도로 하나씩 제정하게 된다. 이에 따라 단행법(특정한 사항에 관하여 만든 법률)과 특별법(특정의 사람, 사물, 행위 또는 지역에 국한하여 적용되는 법)이 수없이 양산되었다.

그러다 보니 단행법이 수십여 개로 늘어나 법률 집행이 매우 복잡해지는 지경에 이르렀다. 전인대는 결국 1997년에 형법을 대대적으로 개정해서 수많은 단행법들을 모두 포괄하게 했다. 또한 드디어 죄형법정주의를 법률로 명시했다. '법률에 불법으로 열거된 행위만 처벌할 수 있다'라는 죄형법정주의가 법문에 포함되었다는 것은, 개혁·개방 이후 중국 법치주의가 거둔 가장 큰 성과 중 하나였다.

2000년대 이후 중국에서는 '의법치국依法治國(법에 의거해 국가를 통치한다)' '사회주의 법치국가' 등의 슬로건이 대단히 강조된다. '의법치국', 즉 법치가 사회주의 헌법에 명시되어 있을 뿐 아니라 정치적 슬로건이나 대중계몽 캠페인에도 등장할 정도다. 최근 중국에서는 '8대 국가목표' 운동을 하면서 목표들을 기입한 깃발들을 거리에 걸어놓곤 하는데, 그중 하나가 바로 '법치'다. 마오쩌둥 시대와 비교하면, 괄목상대할 만한 변화라고 하겠다.

더욱이 시장경제 발전으로 인한 사회의 변화를 법률에 좀 더 정확하게 반영해 나가고 있다. 2000년대의 중국 사회주의 헌법은 법률을 모두 7가지 부문, 즉 헌법·민법·상법·행정법·경제법·사회법·소송법으로 분류한다.

여기서 주목해야 할 항목은 '민법' '상법' '경제법'이다. 1990년대의 중국엔 '민법'과 '상법'이라는 법률 용어가 존재하지 않았다. 그 이유는 여기까지 따라온 독자라면 익히 짐작할 수 있을 것이다. 우선 민법은 '개인'의 소유 재산이나 가족관계, 이익을 둘러싼 개인들 간의 분쟁에 관련된 법률이다. 상법은 기업이 어떻게 구성되고 어떤 일을 할 수 있으며, 다른 개인이나 기업과 어떤 관계를 맺을 수 있는지 규정한 법률이다. 즉, 민법과 상법은 둘 다 '사유재산'의 존재 위에서 벌어지는 시장행위를 규율하는 법률이다. '사법私法(개인의 사적 생활관계를 규율하는 법률)'이라고 부른다.

그런데 전통적 사회주의에서는 '사私(개인)'가 없다. 개인의 소유권이 제한되어 있고, 민간이 기업을 운영한다는 것은 상상할 수 없었다. 이론적으로도 사회주의 국가에서는 개인들 간의 분쟁이 있을 수 없다. 부르주아나 지주 같은 지배계급을 타도해서 전체 인민의 개인적 이해관계들이 완전히 일치하는 사회로 간주되었기 때문이다. 개인들 간의 이해가 일치하는 사회라면, 개인들 간의 갈등을 조정하는 민법·상법 같은 사법私法은 당연히 필요하지 않다. 발전시킬 필요도 없다. 민법과 상법이라는 용어를 사용하지 않은 이유 중 하나는, '우리는 기존의 자본주의 시장경제 체제에 투항하지 않아!'라는 정치적 입장 표명이기도 했을 터이다.

그래서 1990년대까지 중국에서는, 다른 나라에서라면 민법이나 상법에 해당할 규범(예컨대 상속, 기업 자금 횡령 등에 대한)들을 그냥 '경제법'이라고 통칭했다. 상당수의 학자들과 관료들은 개인(기업)들 간의 분쟁이 발생했는데 이를 규율할 법률이 없는 경우, 하늘을 우러러 '경제법을 발전시켜야 한다'라고 한탄하곤 했다. 굳이 민법이나 상법이라는 용어를 안 쓴 것은 당시의 중국 공산당이 '시장경제 발전'을 '초급 사회주의' '중국 특색의 사회주의' 같은 모호한 용어로 포장한 것과 비슷한 현상인 셈이다.

드디어 2000년대 들어 민법과 상법이 공식적으로 이름을 얻은 것은 그동안 시장경제가 더욱 활성화되면서 필요성이 커졌고, 다른 한편으로는 법치주의를 강화하려는 의식적인 노력이 진행되었기 때문이다. 한동안 시장경제적 현상을 모호한 형태로 모두 포괄했던 경제법은 현재는 공정거래 등을 규율하는 법률만 가리키게 축소되었다.

중국 민법 체계의 발전

다만 중국이라고 민법에 대한 논의가 전혀 없었던 것은 아니다. 1986년엔 「민법통칙」이란 법률체계를 만든 적도 있다. 그러나 시장경제가 제대로 발전하지 못한 1980년대의 중국 사회에서는, 민법을 적용할 만한 현상(예컨대 형제간 상속재산 분쟁) 자체가 드물었다. 결국 「민법통칙」은 사실상 사장되고 만다.

그러나 1986년의 「민법통칙」은 중국의 민법을 발전시키는 일종의 디딤돌 역할을 했다. 중국 당국은 나름대로 「민법통칙」의 법안들을 현실에 대입해보면서 이에 따라 불거지는 수많은 문제점들을 하나하나 점검하고 수정하면서 새로운 민법 체계를 고민해왔다.

예컨대 「민법통칙」이 제정될 당시, 중국의 농민들은 자신의 경작지에 대한 '사용권'을 갖고 있었다.(소유권은 중국 국가에 있었다.) 사용권자가 사망하는 경우, 법률적으로는 상속이 허용되지 않았지만, 그 자녀가 자연스럽게 토지사용권을 물려받았다. 사실상의 소유권이다. 자녀가 없으면, 해당 지역 주민들이 사망자의 토지사용권을 나누어 가질 수 있었다. 이 제도는 개혁·개방 직후까지는 이럭저럭 작동했다. 중국에서는 거주지 이전이 법률적으로 규제되므로, 농민의 자녀들 역시 부모가 살던 농촌에서 대를 이어 살게 마련이었다. 그런데 1980년대 중·후반 이후 문제가 발생한다. 수많은 청년들이 농촌에서 도시로 생활근거지를 옮겼기 때문이다. 제도대로라면 농촌의 토지 사용권자가 사망하는 경우, 이웃들이 사실상의 상속을 받게 된다. 그러나 이런 '사실상의 토지 소유권'을 도시로 나온 농민의 자식들이라고 해서 순순히 포기하려 들지는 않을 터이다. 이에 따라 개인 간의 소유권 분쟁이 속출하게 되었다.

이런 '민사' 분쟁을 어떻게 처리해야 할지, 중국 당국도 많은 고민을 했을 것이다. 그래서 문제가 생길 때마다 '조례(임시 법률)'를 만들었다. 이런 조례들은 일종의 실험이다. 하나의 제도를 새롭게 만들어놓고 어떻게 작동하는지 살펴보는 것이다. 지난 수십 년 동안 이런 조례들이 쌓이고 쌓이면서 민법에 속하는 물권법·계약법·친족상속법 등이 하나씩 새롭게 제정되었다. 또한 이런 법률들을 모으고 정리해서 지난 2016년에야 비로소 종합적 민법체계라고 할 수 있는 「민법총칙」을 만들어냈다.

행정법규 역시 이런 식으로 정리했다. 1990년대까지만 해도 한국 기업이 중국에 법인을 설립할 때 관련 법규가 없어서 애를 먹었다. 관청에 물어보면 '관련 법은 없지만 처리할 수 있다'라는 답변이 나왔다고 한다. 개혁·개방 이후 20여 년 동안 '법 없는 행정'을 지속해온 것이다. 그러나 중국 당국은 행정의 필요성에 따라 그때그때 지침을 만들어 내부에 쌓아놓았다. 이른바 '규범성 문건'이다. 중국이 이런 '규범성 문건'들을 총정리해서 법률로 만들기 시작한 것이 2000년이다. '입법에 관한 법률'이라는, 법률 제정 절차를 규정한 법을 통해 '규범성 문건'들을 법률화한 것이다.

지금 한국의 법치주의는 아시아에서 꽤 수준이 높은 편이다. 그러나 한국의 법체계는 미국이나 일본의 법률을 복제한 경우가 많다. 어떻게 보면, 해외의 법률에 우리 사회를 끼워 맞춘 것이다. 그래서 현재도 법과 현실 사이에 많은 괴리가 존재한다. 이에 비해 중국은 계속적인 사회적 실험을 통해 나름대로의 법리를 개발하면서 현실에 적합한 입법을 고민해왔다. 중국의 법치주의는 한국보다 수준이 낮지만, 현실적 경험을 통해 입법해온 경험은 한국을 뛰어넘는 측면도 가지고 있다.

사회주의 법치의 한계

그러나 법치주의의 성장은 필연적으로 중국 공산당의 일당독재 체제와 충돌하게 된다. 사회주의의 일당독재 시스템에서는 해결되지 않는 근본적인 문제가 있다. 즉 공산당과 법률 가운데 어느 쪽이 위에 있는가 하는 질문이다.

'의법치국'이 국정과제가 된 와중에서도 중국의 최고 수뇌부에서는 가끔 '법률과 도덕의 상호 보완' '덕치와 법치의 조화' 같은 이야기들이 나온다. 법률로 해결되지 않는 사회문제들을 공산당의 권위로 처리할 수 있다는 이야기다.

사회주의 국가의 전통적 조직원리로만 보면, 공산당은 당연히 법률 위에 있어야 한다. 원리상 공산당은 사회발전의 법칙을 독점적으로 인지하고 실현해나가는 조직으로 전제되어 있기 때문이다. 중국 공산당 내의 헌법이랄 수 있는 「당장黨章」에 명시된 바에 따르면, '중국 공산당은 노동자 계급의 선봉대인 동시에 중국 인민과 중화민족의 선봉대'다. 그러나 공산당이 앞장서서 시장경제를 도입하고, 시장 제도가 제대로 돌아가는 데 필요한 법률적 장치들을 만들어 오다보니, 공산당과 법치주의 간의 모순이 논점으로 떠오르게 되었다.

일단 중국 공산당의 1982년 당 규약에 따르면, "당은 헌법과 법률 내에서 활동해야 한다"라고 되어 있다. 그러나 실제로는 공산당이 여전히 헌법과 하위 법률들을 제정하고 있으며, 필요에 따라 개정하기도 한다. 그만큼 공산당의 뿌리가 깊고 넓다. 아무리 공산당이 헌법과 법률 밑에 있어야 한다고 부르짖어도, 현실에서는 공언空言에 그치고 마는 것이다.

그렇다면 '헌법 위에 있는 공산당'을 어떻게 통제할 것인가? 간단하게는 중국에서, 다당제를 실현시켜 공산당을 여러 정당 중 하나로 만들면 된다. 특권적 지위를 상실한 공산당은 자연스럽게 헌법과 법률 밑으로 들어갈 것이다. 그러나 권력자가 스스로 권력을 포기하는 경우는 없다.

시진핑 정부는 이런 딜레마를 봉합하는 대책을 내놓으려 노력하고 있다. 물론 공산당의 절대적 권력을 포기하는 방식은 아니다. 다만 공산당과 정부(공산당으로 구성되는)의 내부 기율을 강화하겠다는 것이다. 지난 2015년 이후 개최된 중국 공산당의 주요 회의에서 잇따라 '중국 공산당 청렴 자율 준칙' '중국 공산당 기율 처분 조례' 등의 당규를 의결해왔다. 공산당 내부의 감독체계를 강화하고 부정부패에 대한 처벌 강도를 높이는 내용이다.

이는 결국 공산당이 헌법 위에 있으니까, 공산당의 규율을 바로잡으면 국가를 제대로 운영할 수 있다는 논리가 된다. 그러나 공산당의 내부 규율을 강화해서 나라를 바로잡는다는 사고방식은, 심하게 표현하자면, 왕의 덕을 높여 어진 정치를 시행하도록 하자는 봉건시대 '왕도정치'의 논리와 근본적으로 다르지 않다. 법가가 아니라 유가다. 헌법과 법률이 모든 사람들에게 평등하게 적용되어야 한다는 법치주의와 공산당의 특권적 지위 사이엔 이렇게 엄청난 모순이 존재하고 있다.

'사회주의 법치'의 한계가 드러나는 대목은 또 있다. 공산당의 정책과 현행 법률이 어긋나는 경우다. 예컨대 한국에서 집권당이 무상 교육을 6년에서 9년으로 늘리는 정책을 만들었다고 가정하자. 이 정책이 실현되려면 국회에서 법을 통과시켜야 한다. 법률을 먼저 바꿔야 한다는 의미다.

중국이 의법치국을 국가통치의 기본 방침으로 내세운 지 20년이 지났다. 그동안 중국의 법치는 재산권 보호 면에서는 진일보했지만, 공권력을 법으로 제한하는 측면에서는 뚜렷한 성과를 내지 못했다는 평가를 받는다. 사회주의 법치의 미래는 '법치주의와 공존하는 법 위의 공산당'이라는 모순을 어떻게 해결해 나가느냐에 달려 있다고 해도 과언이 아니다.

중국 법대생들의 기초 교과서라고 할 수 있는 『법리학』에 따르면, 중국에서는 이 문제를 다른 방식으로 해결한다. 이 책은, '정책과 법이 충돌할 때 어떻게 할 것인가'라는 문제에 대해 일단 '법치로 해야 한다'라는 답변을 제시한다. 또한 이런 충돌이 발생하지 않도록 법률을 그때그때 잘 바꿔야 한다고 부연한다. 그러나 결론 부분에서 결정적인 주장이 등장하는데, '긴급한 사태가 발생하는 경우엔, 법률을 개정하기에 앞서 해당 시기의 사정에 맞춰 정책부터 집행할 수 있다'라는 것이다. 아직까지는 중국 법치주의가 미흡한 수준임을 잘 보여주는 문장이다. 한국을 비롯한 법치국가에서는 긴급한 사태가 있더라도 법률부터 개정해야 필요한 정책을 시행할 수 있다.

북한도 중국처럼 변할 수 있을까

이제 중국 법치주의의 발전을 총체적으로 평가해보자.

첫째, 법치가 가능하려면 일단 법률이 많아야 한다. 이런 측면에서 중국의 법치주의는 상당한 성과를 냈다고 할 수 있다. 수많은 입법을 해냈기 때문이다. 또한 7개 부문으로 나눠진 각 법률들이 세분화되고 정밀해졌다. 입법 절차도 정비되었다.

그러나 민법은 아직도 허술하다. 부동산 등기의 경우, 이용권자(사실상 소유권자)를 공시하는 시스템이 아직 명확하게 정립되어 있지 않다. 그러다 보니 사기 사건이 터질 가능성이 크다. 월세로 집을 빌리려면 주인(이용권자)과 임대차 계약을 해야 하는데, 주인이 누군지 확실히 파악할 수 없는 경우가 있다. 그래서 엉뚱한 사람과 계약하거나 혹은 임차인이 다른 사람에게 다시 빌려주면서 돈을 받은 뒤 달아나는 경우가 심심찮게 발생한다. 이처럼 부동산 이용권자가 누군지 불투명하니까 거래가 활성화될 수 없다. 명확히 신뢰관계가 형성되어 있는 사람과 계약하거나 혹은 직접 가서 눈으로 확인할 수 있을 때만 관련 거래가 이루어질 수 있는 것이다. 그래서 중국 정부는 2010년대 들어 등기 제도를 개선하려고 노력해왔다. 그러나 잘 추진되지 않는다. 그 이유로 많이 거론되는 것이 중국 관료들의 부패다. 그동안엔 허술한 등기제도 덕분에 여기저기 토지사용권을 사둬도 노출이 되지 않았다. 그러나 정확한 등기부가 완성되면 관료들의 숨겨놓은 재산들이 모두 들통나고 만다는 것이다. 공식적으로는 '아직 준비가 되지 않았다'지만 비공식적으로는 그런 이유가 있다고 여겨진다.

둘째, 그동안 행정법규가 정비되고 심지어 행정소송법까지 발전하기 시작했다는 것은 매우 고무적이다. 그러나 행정을 시행하는 행정조직 자체에 대한 법률이 미흡하다. 한국의 경우, 장관 자리를 하나 늘리려고 해도 정부조직법을 개정해야 한다. 그러나 중국의 행정부인 국무원의 경우, 공산당의 재량에 따라 마음대로 늘렸다 줄였다 할 수 있다. 관련 법률로 국무원 조직법이 있긴 하다. 그러나 조항이 17개에 불과한 등 엄청나게 느슨하다. 법이 없으면 '인치'가 작동된다. 공산당 최고 수뇌부가 정부 조직을 뜻대로 주무를 수 있다는 의미다. 중앙의 국무원뿐 아니라 지방에서도 마찬가지다. 이러다 보니 정부의 예산 역시 대단히 불투명하게 지출된다. 정부 수입인 벌금이나 수수료의 경우, 액수가 정해져 있지 않아서 정부 측이 자의적으로 늘렸다 줄였다 할 수 있다.

셋째, 사법부 측면에서도 엄청난 발전이 이뤄졌다. 사법부 조직이 정비되고 재판 형식도 틀을 갖췄다. 또한 사법고시에 합격한 법률 전문가들이 판사로 임명되기 시작했다. 2000년대 이전까지만 해도 판사와 검사를 전역 군인들이 맡았다. 그러다 보니 엄밀한 법리가 아니라 직관에 따른 재판이 성행했다. 2000년대 들어서 비로소 법대 졸업생들이 사법고시를 통과해서 법조인이 되기 시작했다. 그러나 여전히 법원의 상층부는 군인 출신들이 장악하고 있다. 심지어 이들이 재판을 감독한다. 재판의 독립성이 보장되어 있지 않다는 이야기다.

중국 사법부의 지배구조 자체에도 문제가 있다. 기소하는 검찰, 수사하는 공안, 판결하는 사법부가 모두 공산당 규율위원회의 지도를 받게 되어 있다. 검찰과 판사가 같은 지도를 받는다는 것 자체가 문제다. 공산당의 의지에 따라 수사-기소-판결이 좌우될 수 있기 때문이다.

'사회주의 법치'의 문제는 지금까지도 뜨거운 논쟁거리다. 보다시피 중국은 지금도 완전한 법치주의를 이루고 있다고 말할 수는 없다. 그러나 개혁·개방 이전과 비교하면 눈부신 발전을 거듭해왔다.

서구사회는 법치주의를 통해 인권과 기본권의 신장은 물론 삼권분립, 언론 자유 등의 가치를 누릴 수 있었다. 중국은 공식적으로 서구식 법치주의를 거부하고 있다. 공산당 일당독재 체제가 무너질 수 있기 때문이다. 그러나 체제의 안정성을 유지하면서 기본권 보호 같은 가치를 확장하려고 나름대로 노력해왔으며, 그 결과가 현재 수준의 '사회주의 법치'다.

중국 공산당이 법치주의를 발전시키려고 한 가장 큰 동력이 외국자본 유치와 시장경제 도입이라는 사실은 아무리 강조해도 지나치지 않다. 외국자본을 유치하고 WTO에 가입(2001년)하려면, 자국에 투자하는 외국인들이 부당한 손실을 입지 않도록 보장할 수 있는 법률이 필요했다. WTO가 그것을 요구하기도 했다. 시장경제가 발전하면, 각 경제주체들이 재화의 소유자가 되면서 자신의 이익을 극대화하기 위해 노력하게 된다. 이런 과정에서 분쟁이 벌어지고, 이를 통제하기 위해서라도 법치주의를 강화해야 했다.

한국이 북한의 법치주의와 민주주의 문제에 접근하려면 중국의 이런 경험을 참조할 필요가 있다. 중국이 외국자본을 유치하며 법치의 필요성을 느낀 것처럼 북한 역시 외자유치를 바라고 있으며, 개성공단에서는 법치를 실제로 학습하고 다른 특구로 확장하기도 했기 때문이다. 따라서 북한에 법치주의가 촉진되도록 하는 일은 남북 및 동북아 평화체제가 자리잡게 하는 데 강력히 기여하게 될 것이다.

제3장

장마당에서
법치가 싹트다

———

1990년대 중·후반기의 북한. 김

백두 씨는 국영 의류기업소 '선군피복회사(선군사)'에 소속된 40대 노동자다(이하 인물과 기업은 가상의 설정이다). 젊은 시절, '영예로운' 조선노동당과 조선인민민주주의공화국이 김씨를 선군사에 배치했다. 이후 그는 20여 년 동안 부지런히 인민들이 입을 의류를 생산해왔다. 그러나 김일성 주석의 별세를 전후한 어느 날부터, 공장에 출근해도 할 일이 없게 되었다. 옷감이나 단추 등 의류 제작에 필요한 중간재가 들어오지 않는다. 전기까지 끊어져 기계 설비마저 작동시킬 수 없다. 곡물 배급도 끊어졌다. 김씨의 월급은 조선원화(북한의 화폐 단위)로 100원이다. 그러나 돈을 들고 국영 상점에 가도 매대가 비어 있다. '주체 사회주의'에 대한 그의 신념은 여전했지만, 이대로 가다간 식구 모두가 굶어죽을 판이다.

어느 날 직장 동료가 찾아와 같이 일하자고 했다. 어떤 '돈 많은 사람'이 중국에서 의류 중간재들을 사와서 옷을 만드는데 일손이 부족하다는 것이다. 월급으로 국영 기업소에서 받던 액수의 10배 이상을 주겠다고 한다. 그 돈이라면, 어느 날부터인가 인근 공터에 생긴 시장에서 가족들의 생계를 꾸릴 곡물과 생필품을 살 수 있을 것이었다. 그 시장엔 수많은 인민들이 어디서 가져왔는지 모를 생필품을 길바닥에 놓고 파는 중이다. 다만 같은 물품이라도 국영 상점보다 수십 배 비싸서 기존의 월급으로는 구입할 엄두도 못 냈다. 가끔 인민 보안원(경찰)들이 시장을 덮쳐 물품을 압수해가기도 하지만, 대충 묵인해주는 분위기였다.

결국 김백두 씨는 동료로부터 소개받은 '개인 공장'에 출근하기로 했다. 작업장에 가봤더니 옷감과 단추가 풍부하고, 기계 설비들도 발전기로 연결되어 쌩쌩 돌아가고 있었다. 문제가 있긴 했다. 김씨는 국영 기업소인 선군사 소속 노동자다. 일감이 있든 없든 출근은 해야 한다. 다행히 선군사 측에서는 500~600원 정도를 내는 조건으로 김씨의 장기 결근을 묵인해주기로 했다. 출근한 것으로 기록해준다는 이야기다. 노동자가 출근하지 않는 대가로 직장에 돈을 내다니 어이없는 상황이다. 그러나 1990년대의 이른바 '고난의 행군기'엔 흔한 일이었다고 탈북자들은 증언한다. 이 시기부터 북한에서는 시장경제가 '밑에서부터' 급격히 발전하기 시작한다. 인민들이 오로지 살아남기 위해 시장으로 뛰어들었다는 이야기다. 2017년 중반 현재는, 북한 경제 전반에서 시장의 비중이 너무 커져서 과거의 사회주의 시스템으로 회귀를 꿈도 꾸기 힘들 정도다.

북한의 시장경제가 상당히 발전한 상태라는 사실은 탈북자 등을 통해 한국에도 어느 정도 알려져 있다. 그러나 '실감'되고 있지는 않다. 북한 당국이 외형적으론 '사회주의 체제'를 매우 견결히 수호하고 있는 것으로 보이기 때문이다. 공식적인 법제도로 봐도 북한은 여전히 사회주의 국가다. 그러나 대다수의 주민들은 이미 '사회주의 제도' 밖에서 생계를 꾸리고 있다. 위의 예화에 나온 김백두 씨 역시 실제로는 민간기업에서 일하고 있지만 공식적으로는 여전히 선군사 소속 노동자다. 2017년 현재 북한은 겉과 속이 다른 사회인 것이다.

이런 상황의 가장 큰 원인은, 북한의 시장경제 발전이 중국·러시아·동구권 등과는 크게 다른 경로를 밟아왔기 때문인 것으로 보인다. 중국과 러시아는 정부 차원에서 법제도를 바꿔 나가면서 의도적으로 시장경제를 육성했다. '위로부터의 시장경제 발전'이다. 이런 나라들의 변화는 바로 눈에 들어온다. 그러나 북한에서는 김백두 씨 같은 수많은 인민들이 오로지 살아남을 목적으로 시장에 참여하다보니 '밑으로부터의 자생적인 시장경제 발전'이 은밀하게 이뤄졌다. 북한 정부는, 중국이나 러시아 정부와 달리, 시장의 발전에 결코 호의적이지 않았다. 다만 상당수 인민들이 시장을 통해 생계를 이어 나가는 상황에서 시장에 대한 전면 탄압은 더 많은 인민들의 떼죽음을 의미했다. 그래서 밑에서부터 치고 올라오는 시장에 맞춰 법제도를 조금씩 바꿔 나가는 식으로 대처할 수밖에 없었다. 그러나 대내외적으로 '주체 사회주의 결사 수호'를 슬로건으로 내걸고 있는 북한 당국이 시장제도를 공식적으로 용인하긴 힘들었을 것이다. 결국 북한은 한편으로 '사회주의 결사 수호'의 기치를 높이 치켜들면서, 다른 편으로 민간경제 부문과 시장의 발전을 용인하고(반합법화) 심지어 야합하는 기묘한 상황에 처하게 되었다. 오랫동안 북한의 변화를 고대해온 사람들에겐 반가운 이야기일 수 있다. 대다수 주민들이 '먹고 사는 시스템'이 그 사회의 제도와 크게 다르다면, 결국 후자(제도)가 바뀔 수밖에 없다.

이제 3, 4장에서는 북한의 '먹고 사는 시스템'이 1990년대 이후 얼마나 큰 변화를 겪었는지 서술할 것이다. 또한 북한 정부는 체제를 경천동지驚天動地할 만큼 변해버린 경제 시스템에 적응시키기 위해서라도 이미 반半합법 상태인 시장제도를 합법화할 강력한 인센티브를 가지고 있다. 한국과 국제사회가 할 수 있는 일은 북한 측이 그런 인센티브를 실천으로 옮길 수 있는 여건을 마련해주고, 자생적인 시장경제의 원활한 작동을 위한 여러 법제도를 도입하도록 도와주는 일이다. 그렇게 되면 북한은 한층 '법치'에 가까워질 것이다.

일단 당초의 북한 경제, 즉 전통적인 사회주의 시스템을 간략하게 살펴본 뒤 '북한에서의 자본주의 발전'에 대해 들여다보기로 하자.

전통적 사회주의 경제 시스템

시장경제에서는, 각 기업들이 자사 경영진의 자율적 판단에 따라 생산을 결정한다. 특정 제품의 수요가 어느 정도일지를 예측한 다음 일정한 양의 상품을 만들어 시장에 공급하는 것이다. 만약 예측이 어느 정도 적중해서 제품을 많이 팔게 되면 수익을 낸다. 시장 전체 차원에서 해당 제품이 적게 생산되었다면 가격 인상으로 대박을 칠 수도 있다. 그러나 유의할 점이 있다. 각 기업은 다른 업체가 해당 제품을 얼마나 생산할지 알 수 없다. 만약 모든 기업이 특정 제품에 대한 수요가 늘어날 것으로 예측해서 해당 상품의 생산을 늘렸다고 치자. 사회 전체적으로는 그 제품의 공급이 지나치게 늘어나 가격이 인하되는 경향이 있다. 기업들의 수익 역시 하락한 나머지 가격이 생산비용 이하로 떨어진 기업들은 도산할 수도 있다.

그러나 시장경제에서 기업은 자사의 결정에 책임을 져야 한다. 수익 하락이나 도산이 그 '책임'이다. 시장을 잘 예측해서 제품을 비싸게 많이 판 경우는 흥하고, 반대의 경우엔 망한다.

한편, 시장경제에서는 가격이 제품들의 생산량을 조절하는 역할을 한다. 어떤 제품의 가격이 오르고 있다면, 그 제품의 공급보다 사회적 수요가 많다는 의미다. 가격은 시장 상황('어떤 제품은 지나치게 많이 생산됐고, 다른 제품은 적게 생산됐다')에 대한 신호등이다. 기업들은 높은 가격에 많이 팔아 수익을 올리겠다는 '이기적' 목적으로 해당 제품 생산에 뛰어든다. 덕분에 사회적 수요가 많은 제품의 생산·공급량은 증가하게 된다. 개별 기업들의 이기심이 사회 전체적으로는 바람직한 결과(부족한 상품의 공급 증가)를 낳는 것이다. 반대로 제품이 너무 많이 공급되면(사회적 필요량 이상으로 생산하면), 수요-공급의 법칙에 따라 해당 제품의 가격이 떨어진다. 기업들은 해당 제품의 생산을 줄이거나 포기하고, 사회적 수요가 많은(더 필요한) 다른 제품으로 이동하게 된다.(자원의 사회적 배분)

이와 반대로 전통적인 사회주의 계획경제에서는, 개별 기업이 스스로 판단할 필요가 없다. 국가의 경제사령탑이 인민들에게 필요한 물자의 종류와 양을 미리 예측해서 생산계획을 짠다. 벼는 몇 톤, 소는 몇 두, 철강은 몇 톤, 신발은 몇 켤레, 의류는 몇 벌, 연필은 몇 자루…. 국가는 이런 계획에 맞춰, 각 국영 기업들에게 생산을 지시한다. 기업들 사이의 거래도 국가가 조정한다. 최종재인 연필을 1000만 자루 생산하기로 계획했다면, 광업 부문의 기업소에 예컨대 '연필공장으로 흑연 1000톤을 보내라'고 명령하면 된다. 계획경제에서는 기업들이 '자율적으로' 고민할 필요가 없다. 시장경제 사회인 한국에서는 원청(예컨대 연필공장)과 하청(광업 업체) 사이에 납품가를 둘러싸고 실랑이가 벌어지기 일쑤다. 원청의 '갑질'이 사회문제로 떠오른 지오래다. 그러나 사회주의 계획경제에서 하청(중간재) 기업은 국가의 지시대로 움직이면 된다. 물론 사령탑의 예측이 잘못되어 특정 제품이 지나치게 많거나 적게 생산될 수도 있다. 이 경우에도, 사회주의 국영 기업소엔 책임이 없다.

생산된 제품들은 인민들에게 배급되거나, 일정한 가격으로 국영상점에 진열된다. 인민들은 국가가 계획적으로 책정한 보수를 받아, 배급받지 못했거나 부족한 제품들을 국영 상점에서 구입할 수 있다.

시장경제에서와 달리 사회주의 경제에서 가격은 사회적 수요-공급 상황에 대한 신호등 역할을 할 수 없다. 지나치게 많이 생산된 상품의 가격이 내리지도, 부족한 제품의 가격이 오르지도 않는다. 국가의 경제사령탑이 가격을 결정하기 때문이다. 예를 들어 곡물 같은 생

북한의 대표적 국영 상점인 평양제1백화점. 인플레이션이 한창이던 2010년대 초반, 이곳에서는 생필품을 싸게 구입하려는 인파가 몰리며 사망사고가 벌어지기도 했다. 계획가격과 시장가격의 괴리가 부른 참변이었다.

필품의 가격은 굉장히 낮게, 사치품은 비싸게 매긴다. 또한 노동자들의 임금(노동의 가격)도 '배급 이외의 필요한 생필품을 사는 데 필요한 액수'를 계산해서 결정한다. 전통적 사회주의 체제에서는, 주택도 '배급'되기 때문에 목돈을 모을 필요가 없다.

이러다 보면 웃지 못할 일이 생긴다. 흉년으로 쌀 생산이 크게 줄어들었다고 치자. 그러나 국영 상점의 쌀 가격은 예전과 그대로다. 시장 상황에 따라 움직이는 가격이 아니라 '계획가격'이기 때문이다. 그런데 공식 유통망(국영 상점) 밖의 암시장에서 거래되는 쌀의 가격이 '계획가격'의 수십 배에 이르는 경우가 있다. 이 '암시장 가격'이야말로 진정한 수요-공급 상황을 반영한 '신호'인 셈이다. 쌀 한 섬의 계획가격이 10원인데 암시장에선 100원이라면, 국영 상점에서 매입한 뒤 암시장에 파는 경우가 속출할 것이다. 자연스럽게 국영 상점의 쌀 진열대는 텅텅 비게 된다. 앞에서 김백두 씨가 겪은 일이다.

계획경제의 장·단점

어떻게 보면 사회주의 계획경제는 무척 안정적으로 느껴지는 시스템이다. 시장경제에서는 각 기업들이 자율적으로 판단해서 생산한 상품이 팔리지 않으면, 수익률이 크게 떨어지거나 손실을 보게 된다. 결국 기업들은 투자를 줄이고 노동자들을 해고하게 되는데, 이는 다시 사회 전반적인 수요 부족으로 이어져 기업들을 더욱 어려운 궁지로 몰아넣는다. 이른바 불황(공황) 국면이다. 자본주의 시장경제는 이러한 경기변동을 피할 수 없다. 반드시 불황이 도래한다. 심지어 국가마저도 불황을 예방하거나 혹은 불황에서 빨리 벗어날 수 있는 처방을 제시하긴 어렵다. 지난 2008년 세계금융위기 이후 글로벌 경제 상황을 봐도 그렇다.

이에 비해 계획경제의 경우, 각 기업들의 생산이 미리 정해져 있으므로 불황으로 이어지는 경기변동을 원천적으로 차단할 수 있다. 기업이나 개인이 파산하거나 망하는 일도 벌어질 수 없다. 그러나 계획경제는 톱니로 촘촘하게 물린 기계와 같다. 톱니가 조금이라도 어긋나 버리면 제대로 작동하지 않게 된다. 전체 생산계획을 총괄하는 경제사령탑이 특정 물품의 수요를 잘못 예측하면 사회 전반적으로 혼란이 빚어진다. 옛 사회주의 국가의 인민들이 생필품을 구하기 위해 새벽부터 국영 상점으로 나가 길게 줄을 늘어서야 했던 이유다. 자본주의 시장경제에서라면, 공급부족으로 해당 재화의 가격이 오르면 그 상품을 생산해서 수익을 올리려는 기업들이 즐비하므로, 물품 부족 사태는 일어나기 힘들다. 시장경제는 오히려 수요보다 지나치게 많은 공급 때문에 곤경에 빠지는 경우가 많다.

더욱이 계획경제는 정체(停滯)와 비효율성에 시달리게 된다. 기업 측이 '어떤 재화를 얼마만큼 어느 정도의 가격으로 생산할 것인가'에 대해 고민할 필요가 없기 때문이다. 더 적은 비용으로 더 많은 재화를 더 세련되게 만들어내기 위해 노력하지 않아도 된다. 경제사령탑으로부터 명령받은 일만 잘 이행하면 그럭저럭 지낼 수 있다. 때문에 생산성 상승이 지체되고 좀처럼 혁신도 이루어지지 않는다.

자본주의 시장경제와 사회주의는 노동제도에서도 크게 다르다. 시장경제에서는 대체로 노동시장에서 직장과 임금이 결정된다. 기업이 생산 활동을 하려면 노동자가 필요하다. 노동자들은 일자리를 구해야 생계를 꾸려 나갈 수 있다. 노동시장은 이런 양측의 필요가 만나 '노동'을 거래하는 공간이다. 기업이 필요로 하는 인력은 많은데 정작 일하겠다는 노동자가 적다면 임금이 올라간다. 반대의 경우엔 임금이 하락한다. 시장경제 사회의 노동자들은 직장을 자유롭게 선택할 수 있다. 다만 기업 측이 해당 노동자의 능력이 필요할 때만 고용이 이뤄진다. 노동자들은 다른 사람들과 차별적인 희소한 능력(해당 기업의 수익을 높이는 데 기여하는)을 갖고 있을수록 더 높은 임금을 받는 경향이 있다. 상품시장에서 희귀한 상품이 더 높은 가격으로 팔리는 것과 같은 이치다. 물론 이런 노동시장의 원칙이 그대로 현실 사회에 적용되는 것은 아니다. 우리 사회만 해도 인맥을 통해 고임금 직장에 채용되는 경우를 종종 볼 수 있으니까.

사회주의 경제 시스템에서는 원칙적으로 노동시장이 존재하지 않는다. 기업과 개인이 '노동'을 거래하지 않는다는 이야기다. 사회주의에서는 기본적으로 국가가 개인의 직업을 결정한다. 개인의 적성과 능력, 희망을 고려하겠지만 최종적인 선택권은 국가에 있다. 예컨대 어떤 도시에 고추장 공장과 된장 공장이 있다면, 각 기업소 지배인들이 당국에 특정 규모의 인력이 필요하다고 요청한다. 그러면 당국이 교육기관 졸업자나 퇴역 군인 등을 심사해서 적절한 사람을 각 기업소에 보내는 형식이다. 물론 이 과정에서 기업소 측은 '좋은 인력을 뽑겠다'라고 생각할 터이고, 노동자 측 역시 근무조건과 보수가 높은 직장을 원할 것이다. 결국 해당 개인의 인맥이나 당성(충성도), 출신 성분 같은 경제외적 요인들이 직장 배치에 큰 영향을 미친다.

실제로 북한에서는 국가 혹은 사회 공동체에 기여도가 강한 직업을 우대하는 편이다. 건국 초기부터 광부처럼 힘든 직종에게 더 많은 임금을 주는 방향으로 제도를 짰다. 북한의 영화나 소설 등을 보면, 최고 대학인 김일성대학 졸업 여성이 광산 노동자와 결혼해서 지역 공동체에 헌신한다거나 화려한 경력의 당 간부가 농촌에서 일하는 장면이 감동적으로 묘사된다. 임금체계도 전국적으로 통일되어 있다. 자본주의 시장경제의 경우엔 기업마다 임금체계가 다르고, 개별 기업의 사규에 따라 임금도 정해진다. 그러나 북한에서는 노동의 난이도, 노동성과, 심지어 노동자의 생활수준(어려울수록 많이 받는다) 등을 따져서 임금 수준을 책정하는 시스템이 법률로 정해져 있고, 전국 차원에서 시행된다. 어떻게 보면, 북한 사회 전체가 하나의 기업이고 그 내부의 부서들에 인민들이 배치되어 있는 셈이다.

북한 사회주의의 질곡

이 같은 사회주의 생산-분배-노동 시스템은 북한에서 1960년대 말까지 매우 효율적이었던 것으로 평가된다. 사회주의, 혁명, 반反제국주의 등의 이데올로기는 굉장히 생산적으로 작용하기도 했다. 내부적으로는 인민과 간부들의 헌신성을 끌어내어 전후 복구를 성공적으로 완료할 수 있었다. 소련, 중국 등 사회주의 형제 국가들도 반제국주의 전초기지인 북한을 적극적으로 지원했다. 특히 석유 같은 에너지 부문에서 큰 도움을 받았다. 그러나 이 같은 북한 사회주의의 '혁명성'은 시간이 지날수록 점차 체제 발전의 질곡으로 작용하게 된다.

북한 사회주의 체제는 20세기 초·중반 국제공산주의운동의 회오리 속에서 성립되었다. 중국의 공산화에도 지대한 영향을 미쳤다. 이른바 '혁명적 국제주의'로 충만한 국가였다. 일본 패망 다음해인 1946년 여름부터 중국 대륙은 국공내전 국면으로 들어간다. 당시 중국 공산당의 대對 국민당 전투에서 가장 중요한 근거지는 현재의 동북3성 지역이었다. 압록강 건너편의 북한은 중국 공산당에게 무기와 식량을 지원하는 병참기지 역할을 했다. 수많은 조선인들이 중국 공산군에 편입되어 혁혁한 전공을 세우기도 했다. 중화인민공화국 건국 이후 저우언라이周恩來 총리가 연변조선민족자치구 설립을 돕고, 당시에도 감행되었던 중국 국수주의의 역사 침공(고구려·발해의 중국사 편입)을 북한에 공식 사과한 것도 이런 인연 때문이었을 것이다.

북한의 혁명적 국제주의는 이후에도 연이어 나타난다. 1968년 기관단총과 수류탄 등으로 무장한 120여 명의 북한 유격대가 강원도 울진·삼척 지역으로 침투하는 사건이 발생한다. 그들은 강원도 산골들을 돌아다니며 주민들을 모아놓고 정치·사상 교육을 시켰다. 인민유격대에 가입하라고 강요하기도 했다. 이런 움직임으로 미루어 볼 때 일시적 교란작전이 아닌 반정부 게릴라전의 거점 마련 차원이었던 것으로 보인다. 결국 대다수의 유격대가 사살·생포당하고 말지만, 이 도발은 북한의 국제혁명 전략의 일환이었다. 당시 베트남전을 치르고 있던 미국은 월맹(북베트남)에 대한 폭격을 잠정 중단한 채 파리평화협정을 추진하고 있었다. 북한은 이런 국제 정세 가운데서, 한국에서 '제2의 국제전선'을 창출하는 방법으로 월맹에 대한 미군의 공세를 분산시키려고 했던 것이다.

최근 미국 워싱턴 우드로윌슨센터에서 발굴된 루마니아 문서엔, 1960년대 말 북한 노동당 고위 간부와 차우세스쿠(루마니아의 사회주의 독재자) 사이의 대화가 생생하게 기록되어 있다. 차우세스쿠를 만난 북한 노동당 간부는 '조선이 베트남전쟁 등 반제反帝 민족해방투쟁과 세계혁명에 헌신하다 국내 경제에 타격을 입게 되었다. 형제국인 루마니아의 도움을 바란다'라고 호소한다. 당시의 북한은 사회주의

1971년경 루마니아 대통령 차우셰스쿠와 김일성. 북한이 각종 경제제재에도 불구하고 세계 사회주의의 전초기지를 자임하며 내세운 국제주의 노선은 1980년대 동구권 몰락과 더불어 혹독한 경제적 재앙으로 이어졌다.

세계혁명을 위해 경제적 어려움을 감수하겠다는 결의와 자긍심으로 충만해 있었던 것이다. 북한이 아프리카나 남미 등의 제3세계 국가에 주체사상연구소, 김일성 동상 등을 세우면서 '제3세계의 맹주'를 자임했던 것도 특유의 혁명적 국제주의와 무관하지 않을 것이다.

그러나 이는 북한이 '전시戰時경제'를 유지해야 한다는 이야기였다. 그 자체로 이미 경제발전에 주력하기 어렵다. 귀한 재원을 군수사업에 과도하게 투자해야 하기 때문이다. 더욱이 미국을 비롯한 자본주의 강국, 나아가서 자본주의 세계체제에 지속적으로 적대적 자세를 취하면서 경제제재를 거듭해서 받아왔다. 사회주의 세계체제가 무너진 1990년대 이후부터는 국제사회의 외톨이로 전락했다. 결국 경제적으로는 계속 피폐해질 수밖에 없었다.

북한은 '제국주의와 투쟁하다보니 경제를 발전시키지 못했다'라고 자평한다. 북한을 둘러싼 국제 환경이 좋지 않았던 것은 틀림없는 사실이다. 그러나 북한이 자초한 일이기도 했다. 사회주의국들이 잇따라 붕괴하고 다른 길로 나아가던 1980년대 말에도 북한에서는 '사회주의 기치를 들고 끝까지 전진하자'라는 식의 문건과 슬로건이 나올 뿐이었다.

물론 북한도 상황을 개선하기 위해 나름대로의 노력을 했다. 1990년대에 들어가면, 김일성이 남북정상회담을 준비하는가 하면, 한국과 함께 남북기본합의서도 만든다. 그러나 역부족이었다. 한국은 1980년대 말에서 1990년대 초 사이에 북방외교를 통해 소련·중국과 외교관계를 개설한다. 반면 북한은 미국과 일본에게서 승인받는 데 실패했다. 북한은 건국 이후 일관되게 한국과 북한이 따로 유엔에 가입하는 것을 반대해왔다. 국제사회에서 남북이 각각 다른 국가로 인정받게 되면 분단이 고착된다는 것이었다. 그러나 1991년 한국과 북한은 동시에 유엔 회원국이 된다. 북한 입장에서는 사회주의권 몰락 이후 국력 쇠퇴는 물론 명분까지 잃게 된 셈이다. 결국 1994년 김일성 사망 전후, 북한은 '고난의 행군'이라는 혹독한 시기로 진입하게 된다.

파국에서 시작된 북한의 시장경제

1990년대 초, 옛 소련 등 동구권 사회주의 국가들의 잇따른 몰락은 북한 경제에 결정적 타격을 가했다. 외부 충격은 북한 사회주의 계획 경제 내부의 모순을 폭발시켰다. 결국 국가의 경제사령탑을 중심으로 굴러가던 생산과 분배의 고리가 끊어지고 말았다. 공장과 농장에서 생필품을 생산하지 못하게 되었다. 국가에서 보장하던 원자재와 에너지가 제대로 공급되지 않았기 때문이다. 노동자들이 공장에 출근해도 할 일이 없었다. 생산이 멈추면서 국영 상점의 매대는 텅텅 비게 되었다. 인민들이 직장에서 임금을 받아도 구입할 수 있는 제품 자체가 사라졌다. 1990년대 중반에 이르면, 상당수의 지역에서 쌀도 배급하지 못하게 된다. 국가가 책임지던 식량·생필품 공급이 무너져 버린 것이다.

모든 것을 책임지던 북한은 국가로서 어떤 것도 책임질 수 없게 되었다. 인민들은 국가와 별도로 자신의 생계를 책임져야 했다. 이런 상황이 시장경제의 씨앗이 된다. 북한 인민들이 살아남기 위해 스스로 시장을 발전시키게 된 것이다. 직장에 나가는 대신 집 주변이나 기업소에 딸린 작은 토지를 경작해서 곡물을 재배했다. 개나 돼지를 키우기도 했다. 이렇게 하다보면 가족이 소비하고 남을 정도의 생필품을 손에 쥐기도 한다. 이런 잉여 생필품은 다른 물품과 교환할 수 있다. 자연스럽게 북한 각지에 작은 시장들이 수없이 형성되었다. 능력껏 마련한 물품을 시장에 가져가서 팔고, 이렇게 번 돈으로 다른 생필품을 구입하는 것이다. 팔 물건이 없으면 산에 가서 나무라도 꺾어 시장에다 판매하고 식량을 구입해야 하는 시절이었다. 사회주의 체제가 적대시해온 시장교환이 인민들의 생존 욕구로 인해 발전하기 시작한 것이다.

1980년대의 한국에서 소수의 '자생적 사회주의자'들이 기지개를 켰다면, 1990년대의 북한에서는 '자생적 시장주의자'들이 대규모로 형성되고 있었다. 이 작은 시장들은, 농촌에서는 '농민시장', 도시에서는 '장마당'으로 불렸다. 국가의 배급체계를 통해 생필품을 얻던 수천만 인민이 교환으로 필요한 재화를 마련하기 시작한 것은 엄청난 변화였다.

앞에서 서술했다시피 중국·러시아·베트남 등에서는 정부가 시장경제로의 체제 전환을 주도했다. 그러나 북한에서는 정부가 아니라 인민들이 시장을 만들어 나갔다.

시장이 가장 활발하게 움튼 지역은 북·중 국경지대였던 것으로 보인다. 북한의 수도인 평양에서 가장 먼 변경지역들이 시장 발전의 중심지로 부상한 것이다. 시장이 형성되려면, 뭔가 다른 사람들에게 팔 수 있는 물품이 사람들 손에 있어야 한다. 북한의 다른 지역에 비해 국경 부근 인민들에겐 그런 기회가 비교적 많이 있었던 것이다.

북·중 국경 인근지역엔 친인척들이 서로 다른 나라에 나뉘어 살고 있다. 중국에는 조선족이, 북한엔 화교들이 산다. 교류도 잦다. 1600km에 이르는 북·중 국경은 두만강과 압록강이다. 수많은 다리가 놓여 있다. 헤엄쳐 건너갈 수 있는 지역도 많다. 폭 1m 남짓한 개울이 국경인 곳도 있다. 1960년대 초엔 마오쩌둥이 주도한 대약진운동의 실패로 중국 경제가 어려워지자, 북한 인민들이 중국에 사는 친지들을 지원했다. 1990년대 초·중반에는 반대의 경우가 나타났다. 중국 쪽의 조선족이나 중국인들이 북한에 사는 친지를 돕게 된 것이다.

처음엔 북한 인민들이 개별적으로 국경을 넘어 중국의 친지에게 얻은 쌀이나 생필품을 갖고 북한으로 돌아오는 식이었을 것이다. 만약 중국 친지로부터 자기 식구들이 당분간 먹고 남을 정도의 곡물과 생필품을 얻었다면, '남는 것' 즉 잉여 물품을 다른 북한 인민에게 팔았다. 중국에 친인척이 없는 사람들은 몰래 숨겨놓은 귀금속이라도 털어서 그런 물품을 사야 했을 것이다. 이런 식으로 사회주의 북한에서 그동안 볼 수 없었던, '개인들 사이의 거래'가 조금씩 싹트고 확산된다.

또한 처음엔 오직 생계를 잇기 위해 국경을 넘나들었던 북한 인민들 중 일부는, 좀 더 많은 물품을 계획적으로 갖고 오면 팔아서 이익을 낼 수 있다는 사실을 깨닫게 된다. 이른바 '보따리상'이다. 이로써 생계를 잇기 위한 교환이 '수익을 얻기 위한 교환'으로 도약하게 된다. 국경을 넘나드는 '상인'의 탄생이다. 광범위한 '비공식 무역'이 이렇게 이뤄졌다. 어떻게 보면, 중국에서 넘어온 밀무역 상품들이 북한의 시장과 자본주의를 급격히 발전시키는 촉매제로 작용하게 된 것이다.

1990년대 초·중반, 당시 농민시장이나 장마당 등 암시장이 가장 밀도 높게 형성된 곳은 북한의 국경 도시들로 보인다. 2000년대 이

북한 내부에서도 경제사정이 어려웠던 내륙(❶청단)이나 국경지역(❷나진)에서 시작된 장마당은 이제 평양 중심가에까지 진출해 상설시장(❸❹통일거리시장)으로 기능하고 있다.

후엔 암시장이 중국산 물자와 함께 급격히 남하한다. 이렇게 시장이 넓어지고 거래 물품이 많아지면서 국경무역은 좀 더 계획적이고 수익 지향적인 상행위로 발전해 나갔다.

개성공단의 남측 대표였던 한 관리위원회 관계자는 2004년 개성을 방문했을 때 장마당을 목격했다고 한다. 당시엔 공단부지가 아직 정리되지 않은 상태여서 주택가가 남아 있었다. 주택가 사이의 골목에 빗·양말·핀 같은 생필품을 좌판에 늘어놓고 손님을 부르는 사람들이 보였다. 1970년대 한국의 박물장수 같은 모습이었다고 한다. 좌판 위의 '상품'들은 대부분 중국산으로 보였다. 국경을 넘어온 중국 제품들이 북한 시장경제 발전의 '마중물' 역할을 한 것이다.

북한 자본주의의 탄생

북한의 1990년대는, 국가경제의 주도권이 사회주의 시스템에서 '자생적 시장'으로 서서히 넘어가던 시기였다. 심지어 국영 기업소들도 농민시장이나 장마당에 의존하게 된다. 북한경제 전문가인 이영훈 박사의 논문 「북한의 농민시장」에 따르면, '의존'의 경로는 대략 두 가지였다. 첫째, 국영 기업소가 생산품 중 일부를 농민시장에 몰래 팔아 현금을 얻었다. 둘째, 소속 노동자들에게 기업소엔 적籍만 걸어 놓고 실제로는 장사를 하도록 허용한 뒤 수익금 중 일부를 바치게 했다.

국영 기업소 측이 이런 방식으로라도 현금을 마련해야 했던 이유는, 국가로부터 원자재와 중간재, 에너지 등을 공급받지 못했기 때문이다. 결국 불법적으로라도 현금을 마련해서 중간재 등을 매입하는 방법으로 공장을 겨우겨우 돌릴 수밖에 없었다. 해당 기업소에게 그런 물품을 판매하는 경제주체가 이미 1990년대에 존재했다는 이야기가 된다.(그 주체 중 한 부류는 중국의 사업자들이었을 것이다.) 시장경제 부문이 무서운 속도로 발전한 것이다. 아무튼 사회주의 국가의 국영 기업소가 불법적인 암시장(=시장경제 부문)에 의존해서 유지되었다는 것은 놀라운 일이다.

2000년대 초반에 이르면, 단지 시장경제가 아니라 '자본주의의 씨앗'으로 불러야 할 현상이 북한에서 나타난다. 생계가 아니라 '이윤을 얻기 위한 생산(=자본주의적 생산)'이 이뤄지기 시작한 것이다. 다시 이영훈 박사의 논문에 따르면, 국영 기업에서 이탈한 노동자들이 개인적 돈벌이를 넘어 사실상 '자본주의적 소기업'을 구성하기도 했다. 3~5명이 짝을 지어 '가내반'으로 허가를 받은 뒤 생필품을 제조, 판매하고 이윤의 3~10%를 세금으로 납부했다고 한다. 이런 '가내반'들은 '고양이 뿔 외엔 다 만든다'라는 말이 돌 만큼 생산하지 못하는 제품이 없었다. 원료를 중국에서 수입한 다음 과자·약품·맥주·신발까지 생산해냈다. 중국 제품보다 오히려 질이 높고 가격도 싸서 장마당에서 인기를 끌었다.

그런데 이런 사례를 살펴보면, 사회주의 체제와는 어울리지 않는 어떤 존재가 흐릿하게나마 모습을 드러낸다. '가내반'을 구성한 노동자들이 어떻게 과자·맥주·신발 등을 만드는 데 필요한 원자재를 중국에서 구입할 수 있었을까? 더욱이 중국산 원자재를 구입하려면, 중국 화폐인 위안화元貨를 많이 갖고 있어야 한다.

결국 2000년대 초반쯤엔 북한에서도 '돈을 많이 가진 사람', 즉 '부자'가 상당수 형성되었다고 볼 수밖에 없다. 부자들이 직접 공장이나 식당을 운영하는 경우도 있었다. 예컨대 국영 식당을 국가에 일정한 사용료를 내는 조건으로 빌려 운영한다. 식자재는 장마당에서 조달한다. 이런 식당의 운영자들은 2000년대 초반 당시 북한 노동자 평균임금의 100배까지 벌어들였다고 한다.

사실 북한에 이런 부자들이 나타났다는 것 자체가 신기한 일이다. 북한 관련 학계에서도 논란이 분분하다. 다만 확실한 것은, 부자들이 최근의 북한 경제에서 사실상의 민간 자본가 역할을 수행하면서, 이미 무시할 수 없는 영향력을 행사하고 있다는 것이다. 북한 인민들은 이들을 '돈주'라고 부른다.

북한 당국의 대응

북한 노동당은 '밑으로부터 발전하는 자본주의 시장경제'에 어떻게 대응했을까? 비록 인민들이 굶어죽지 않기 위한 수단이 시장이었다고 해도, 북한 당국에겐 시장의 확산이 달가운 현상일 수 없었다. 그러나 인민들의 생계를 책임질 수 없는 이상 강력한 통제로 시장을 제거해버리는 것도 불가능했다. 북한 당국은 시장과 힘겨루기에 들어간다.

1990년대 말엔 암시장과 상인들을 단속하고 '공장 이탈 노동자'들에 대해 복귀 명령을 내렸다. '선군先軍정치'와 '제2천리마 대진군 운동'을 일으키기도 했다. 사상 선전을 통한 체제 단속 작업이다. 그러나 조직적 통제와 법적 강제도 시장의 급속한 확산을 막을 수 없었다. 인민들에게 시장경제 활동은 굶어죽지 않기 위한 필사적인 몸부림이었기 때문이다. 결국 북한 당국 역시 억압 조치만으로는 시장의 확산을 억제하거나 경제를 정상화할 수 없다고 인정하게 된다. 2002년 이른바 7·1경제관리개선조치를 발표하기에 이른다.

7·1조치에서 북한 당국은 그동안 시행해온 '공식 가격'이 엉터리

라는 것을 스스로 인정한다. 당시 국영 상점에서 쌀 1kg의 가격은 8 전이었다. 그러나 국영 상점에서는 쌀을 구입할 수 없었다. 쌀이 실제로 활발히 거래되는 곳은 농민시장·장마당 등 암시장이었다. 암시장 가격이야말로 진정한 수요-공급 상황을 반영한 것이라고 할 수 있는데, 국영 상점의 무려 수백 배에 달했다. 다른 생필품들의 사정도 비슷했다. 소비자가 10원을 내더라도 구입하고 싶어 하는 상품의 가격이 국영 상점에서는 1전에 불과하다. 다만 국영 상점엔 그 상품이 없다. 심지어 국영 기업들도 생산제품을 국정가격으로 국영 상점에 납품하기보다 암시장으로 빼돌리기를 선호하게 된다. 국정가격보다 수백 배 더 비싸게 팔 수 있었기 때문이다.

그래서 북한 당국은 7·1조치에서 국영 상점의 공식 가격을 암시장 수준으로 인상했다. 쌀의 경우, 이전의 8전에서 550배 인상된 44 원으로 올렸다. 이렇게 물가가 인상되면 임금도 올려야 한다. 그래서 노동자들에게 공장복귀 명령을 내리면서 임금을 20배 정도 올렸다. 또한 암시장에서 쌀과 공산품을 팔지 못하도록 강력히 규제했다. 암시장을 매개로 이루어지는 생산과 유통의 활력을 다시 사회주의 체제 내로 흡수하려 했던 사실상 마지막 시도였다.

당시 북한 당국의 생각은 아마 다음과 비슷했을 것이다.

암시장에서 쌀이 유통되는 것을 보면, 쌀 생산 자체가 이루어지지 않는 것은 아니다. 단지 쌀 생산자들이 가격 차이 때문에 국영 농장 이외의 영역에서 생산해서 암시장을 통해 판매하는 것이다. 그렇다면 일단 공식 가격을 높여야 한다. 그리고 암시장에서 쌀을 팔지 못하도록 금지하면, 쌀이 다시 국가 유통망인 국영 상점으로 돌아오게 될 것이다. 생산자들 역시 국영 농장으로 복귀시켜 생산활동에 종사하도록 강제해야 한다. 이런 조치가 성공하면, 노동자들이 복귀한 국영 농장에서 생산한 쌀을 국영 상점으로 유통시키는 기존의 사회주의 생산·분배 체제가 부활하게 될 것이다. 여기서 농장을 공장으로 바꾸면 공산품에 대해서도 같은 논리를 적용할 수 있다.

또한 이렇게 농장과 공장으로 복귀한 노동자들의 생산성을 높여야 한다. 그래야 많은 제품을 만들어 국영 상점의 진열대를 꽉꽉 채울 수 있다. 국영 기업 경영을 개선할 필요가 있었다는 이야기다. 기존 국영 기업소의 지배인(경영자)은 중앙에서 지시받은 만큼 만들어 다른 공장이나 국영 상점에 공급하면 임무를 완수한 것이었다. 즉 계획 목표량만 달성하면 된다. 그러나 7·1조치로 국영 기업에 대한 평가 방법을 바꾸기로 했다. 지배인이 자율적으로 경영하도록 허용하는 대신 얼마나 많은 수익을 내느냐에 따라 점수를 매긴다. 평가 점수가 낮으면, 지배인 자리에서 쫓겨날 수 있다. 그러므로 지배인은 어떻게든 생산비용을 줄이는 반면 제품 생산은 늘려 수익을 높이려고 노력할 것이다. 경영자의 책임을 강화한 사실상의 시장주의적 기업경영 원리를 도입한 것이다.

한편 독립채산제도 강화했다. 각각의 기업소가 자기 책임하에 운영을 해가라는 이야기다. 기존 시스템에서는 기업이 손실을 내도 사실상 국가가 책임졌다. 국가재정으로 기업의 손실을 보전해줘야 한다. 즉 기업의 채산이 독립적으로 이뤄지지 않았다. 독립채산제에서는 해당 기업소 구성원들이 '생산 실적'에 책임을 져야 한다. 손실을 내면 지배인과 노동자들의 보수를 줄이거나 다른 직장으로 보낼 수 있다. 반대로 수익을 내면, 이전처럼 국가에 납부하는 것이 아니라 다시 투자되거나 임금이 인상될 수 있다. 최근 북한에서 나오는 자료들을 보면 노동자 복지수준이 굉장히 높은 공장들이 등장한다. 생산을 늘리는 데 성공한 대가라고 선전한다. 이처럼 일해서 성공한 만큼의 대가를 받는다는, 시장주의적 요소가 크게 강화되고 있는 것이다.

이 같은 내용의 7·1조치가 성공해서 기업소와 농장의 생산량이 실제로 크게 늘어났다면, 북한 사회주의 체제는 그런대로 안정을 되찾았을지도 모른다. 그러나 암시장을 폐쇄하고 노동자들을 국영 공장으로 복귀시키는 것은 비교적 쉬운 일이지만, 기업소의 경영 체질을 바꾸는 것은 매우 어렵다. 이에 따른 생산성 증가에도 비교적 오랜 시간이 걸린다. 더욱이 7·1조치 이후에도 북한 당국은 제대로 기업소들을 가동시킬 수 있는 원자재와 에너지를 공급하지 못했다. 결국 국영 상점들의 진열장은 여전히 텅텅 빈 상태를 면하지 못했다. 노동자들의 임금은 대폭 인상됐지만, 그 돈으로 구입할 수 있는 제품은 역시 없었다. 결국 암시장이 다시 살아나게 되었다. 다만 암시장에서 파는 생필품 가격은 노동자들의 인상된 임금에 맞춰 대폭 올랐다. 화폐 단위만 바꿔 7·1조치 이전의 상황이 반복된 셈이다. 예전엔 암시장에서 200원에 거래되던 상품이 지금은 4000원에 거래된다.

7·1조치가 실패로 돌아간 이후에도 북한당국은 시장을 통제하기 위한 줄다리기를 계속했다. 그러나 무소불위의 노동당 권력도 시장의 확산을 막을 수는 없었다.(조선일보, 2002년 12월 18일)

시장의 승리

결국 북한 당국은 7·1조치에서 8개월여 흐른 2003년 3월 암시장을 사실상 합법화한다. 인민들이 자유롭게 물품을 사고팔 수 있는 '종합시장'이란 합법적 거래소를 개설해준 것이다. 획기적인 조치였다.

무엇보다 국영 기업이 자사 제품을 종합시장에서 팔 수 있게 허용되었다. 이전의 암시장(농민시장과 장마당)에서는 공산품 거래 자체가 불법이었다. 국영 기업소에서 만든 공산품은 배급되거나 국영 상점 진열대에만 배치될 수 있었기 때문이다. 암시장에서 팔리는 공산품은 대개 국영 기업에서 몰래 빼낸 제품이었다. 종합시장에서는 무역회사의 수입품까지 거래할 수 있다.

그러나 북한 당국은 4년여 뒤인 2007년부터 종합시장을 통제하기 시작했다. 개장 일수와 판매 품목을 제한하는가 하면 시장 규모를 축소해버리기도 했다. 이처럼 사회주의 체제와 시장 간의 밀고 당기기가 2000년대 내내 진행되었다. 그러나 2010년 이후엔 시장이 대체로 승리를 거뒀다는 것이 일반적 평가다. 북의 사회주의 체제가 '인민의 요구'인 시장에 적응할 수밖에 없었다고 표현할 수도 있다. 북한 정부가 억압하기엔 시장이 인민들의 일상생활과 너무나 밀접히 붙고 거대해져버린 것이다.

　　2017년 중반 즈음 나오는 언론 보도들에 따르면, 북한 전역엔 '지붕 있는 종합시장'이 500개 정도 개설되어 있다. 북한 당국의 공식 허가로 건물과 시설을 갖춰서 세운 공식 소비재 시장이다. 종합시장 내에서 작은 매점을 운영하는 인민들은 '장세'란 이름의 사실상 월세를 국가에 납부한다.

　　함경북도의 경제특구인 나선시의 경우, 심지어 중국 기업이 시장 건물을 지어 북한 인민들에게 분양하기도 한다. 북한 내륙의 상인들이 이 시장에서 상품을 도매로 매입해서 다른 지역 종합시장으로 유통시킨다. 유통되는 상품도 의류·신발·소비재·과자·라면·샴푸·비누 등 매우 다양하다. 한국산 제품, 그리고 중국에서 생산된 '짝퉁' 한국산도 그 물류망을 타고 있는데, 굉장한 인기를 누린다고 한다.

제4장

북한의 갈림길:
어떤 변화를 택할 것인가

———

북한에서 자생적으로 나타난 시

장이 점점 세력을 넓혀 국가경제의 한 축으로 자리 잡는 과정은 굶어 죽지 않기 위한 인민들의 몸부림이기도 했다. 생존 자체를 목표로 한 '교환'들이 시장을 만들어냈으니 북한 당국은 매우 곤혹스러웠을 것이다. 시장을 통제하면 다시 고난의 행군을 해야 한다. 통제하지 않으면 체제가 붕괴될 수 있다. 그리하여 결국은 시장을 허용하되 통제하기로 했다. '종합시장'이라는 합법적인 소비재 시장을 전국적으로 개설했다. 국영 기업들에 대해서도 시장원리에 따른 경영을 모색하기에 이르렀다.

이렇게 한 번 시작된 변혁은 멈추지 않았다. 인민들은 시장에서 단지 생존의 수단만이 아니라 '이윤'을 얻을 수 있다는 것을 발견하게 된다. 그리고 시장은 제 발로 일어서기 시작한다. 2000년대 이후의 북한에서는 '이윤 창출을 목표로 하는 하는 자본주의적 경제 행위'가 사회·경제의 다양한 부문은 물론 국가당 조직 내부까지 깊숙이 스며드는 양상이 나타나게 된다.

이제 시장경제의 발전이 구체적으로 북한 사회에 어떤 변화를 일으키고 있는지 살펴볼 차례다. 지금의 북한은 현실에서나 제도에서나 우리가 알고 있던 북한과는 많이 다르다. 실상을 이해하게 되면, 북한의 시장화와 그를 통한 법치의 발전이 충분히 가능성 있는 길임도 알게 될 것이다.

돈주의 출현*

수익을 창출하려면, 먼저 갖춰야 할 것이 있다. 바로 돈이다. 소비재를 싸게 사서 비싸게 팔든 노동자를 고용해서 상품을 생산하든, 일단 특정 규모 이상의 돈이 있어야 한다. 그래야 돈이 '돈을 낳는 돈', 즉 '자본'으로 발전할 수 있다.

1990년대 '고난의 행군' 당시 북한에서 가장 놀라운 사건 중 하나는 '돈을 쌓아둔 계층'이 갑자기 나타났다는 것이다. 이른바 '돈주'다. 앞에서 일부 설명한 바 있지만, 국영 기업을 이탈한 노동자들이 자기네끼리 작은 작업장을 차려 다양한 제품을 생산하기 시작했을 때 밑천을 대준 것은 누구일까? 바로 돈주였다. 돈을 빌려주고 이자를 챙긴 것이다. 초보적인 금융자본가 역할이다.

● '돈주'에 대한 설명은 『시사IN』 남문희 한반도 전문기자의 기사 「붉은 모자 쓴 북한의 기업가」(제412호)를 상당 부분 참조했다.

1990년대 말엽에서 2000년대 초·중반에 이르면, 돈주가 생산을 조직하는 경우도 나타나기 시작한다. 예컨대 의류 생산이라면, 멈춰 선 국영 기업소의 작업장과 차량을 빌리는 방법으로 설비(자본재)를 마련한다. 빌린 차량으로 섬유 산지에 가서 천(중간재)을 구해온다. 노동자들을 고용하며, 그들이 출근하지 않는 대가로 소속 기업에 내야 할 돈까지 사실상 부담한다. 돈주들은 생산된 의류의 판로까지 꿰뚫고 있었다. 이 돈주들은 단지 돈을 빌려준 것이 아니다. 돈을 투자해 놓고 있는 자본재와 중간재, 노동 등의 '생산요소'를 결합시켜 상품과 이윤을 창출했다. 이른바 '산업자본가'의 맹아(씨앗) 같은 존재다.

돈주들은 '고난의 행군' 시기 이전에 어떤 사람들이었을까? 일반적인 북한 인민들이라면 장롱에 돈을 쌓아두기 어려웠을 것이다. 북한 사회주의 체제가 그런 대로 작동하던 시기엔, 국가에서 인민들에게 주택이나 생활필수품들을 배급했다. 그래서 노동자들이 지급받는 임금 규모는 결코 크지 않았다. 일반 인민이 저축으로 큰돈을 모으기는 사실상 불가능했다. 『시사IN』의 한반도 전문기자 남문희는 일단 북송된 재일동포나 화교들이 돈주로 성장했을 가능성이 크다고 추정한다. 북송 재일동포들은 일본의 친지가 보내준 외화나 상품들(북한에서 대단히 인기가 높았다)을 조선원화(북한의 화폐단위)로 비싸게 바꿀 수 있었다. 북중 접경지역의 화교들은 1980년대 중반부터 중국을 비교적 자유롭게 드나들 수 있게 되면서 일종의 보따리 중개무역으로 돈을 모을 수 있었다고 한다. 중국 위안화를 많이 확보하고 있었다면, 물자를 구하기 힘들었던 고난의 행군기에 중국 상품 거래로 큰 이익을 남겼을 것이다. 일부 북한 인민들의 경우, 암시장에서의 장사로 돈을 축적할 수 있었다. 어떤 사회든 상재商才가 뛰어난 인물이 어느 정도 존재하는 법이다.

돈주의 성장: 국유 제조업체와 무역회사

돈주들은 2000년대 들어 북한 경제의 여러 부문에서 존재감을 뚜렷이 드러낸다. 제조업과 물류, 초보적인 금융산업 심지어 무역과 부동산개발 부문에서까지 돈주 및 '이윤 창출을 위한 비즈니스'의 흔적이 나타난다.

북한 전문가들을 대상으로 한 다수의 인터뷰에 따르면, 돈주들은 제조업 부문 국영 기업소의 생산 시스템에 깊숙이 관여할 정도로 성장했다. 2000년대 이후 기업소의 경영 자율성이 강화된 사정은 이미 서술한 바 있다. 그러나 자율성 강화가 기업소 경영자(지배인)에게 반드시 좋은 일인 것은 아니다. 예전엔 국가의 지시대로 따르기만 하면 됐는데, 이젠 원·중간자재의 확보나 완제품의 매출에까지 신경을 써야 한다. 그렇다면 필요한 것이 돈이다. 돈주들은 국영 기업에 돈을 빌려주고 그 대가로 받은 현물을 종합시장 등에 판매해서 수익을 거둬들인다고 한다. 심지어 따로 작업장을 차려 별도의 제품을 생산하면서 그 명의를 국영 기업으로 위장한다. 대신 수익금 중 일부를 해당 기업소에 납부한다. 국영 기업의 외피를 쓴 사기업이다.

물론 불법이다. 돈주와 '힘 있는 기관'들이 결탁(정경유착)하지 않으면 불가능한 일이다. 그러나 앞으로 소개될 다른 사례들까지 종합해서 보면, 북한 경제에서 정경유착은 '일상화된 불법'이다. 형식상 불법이지만, 워낙 일상적인 행태라서 불법으로 여겨지지 않는다는 의미다. 일반적인 자본주의 시장경제 국가에서는, 사회원리적으로 정치와 경제 부문이 각각 독립되어 있다. 그렇지만 간혹 정치인이 뇌물을 받고 경제인과 야합하는 형태의 정경유착이 사회적 스캔들로 불거지곤 한다. 정경유착은 시장경제의 효율성을 떨어뜨리는 사회악인 것이다. 그러나 북한에서는 좀 다르다. 제도적으로 사기업 경영이 엄격히 금지되어 있는 상황에서 비즈니스를 하려면 권력기관을 끼는 것 이외엔 다른 방법이 없다. 역설적이지만 정경유착 덕분에 시장경제가 발전하고 있는 것이다.

돈주들은, 국가가 독점해온 무역 부문에까지 진출한 것으로 보인다. 폐쇄적인 나라일수록 무역은 큰돈을 벌 수 있는 부문이다. 북한에서 무역은 국가의 독점영역이다. 다만 북한의 국영 무역회사들도 자금난이 심했다. 국내의 어떤 상품을 해외에 내다 팔려면 먼저 그 제품을 구입할 자금이 있어야 한다. 또한 해외, 예컨대 중국에서 제품을 매입한 다음 국내로 반입해 팔기 위해서도 우선 위안화를 갖고 있어야 한다. 돈주가 그런 사업에 필요한 돈(조선원화와 위안화)을 국영 무역회사에 빌려준다. 어떤 돈주들은 한 단계 더 나아갔다. 국영 무역회사로부터 '와크(무역 허가증)'를 빌려 직접 무역에 나선 것이다. 사실상의 민간 상사商社다. 물론 수익금 중의 일부를 떼어 '와크 대여료'로 국영 무역회사에 납부한다.

'붉은 자본가' 돈주의 등장과 성장은 북한 내 시장경제의 전방위적 확산과 맞물려 있다.(동아일보, 2015년 9월 15일)

돈주가 일부 국영 제조업체 및 국영 무역회사까지 진출했다는 것엔 큰 의미가 있다. 2003년 개설된 종합시장에서 공산품과 수입품 거래가 허용되었기 때문이다.(3장 참조) 종합시장 이전엔 국영 '외화상점'에서만 수입품을 팔았다. 더욱이 외환으로만 거래할 수 있었기 때문에 일반 인민들에게 수입품은 '그림의 떡'이었다. 한편으로는 돈주의 제조업 및 무역업 진출, 다른 한편으로는 종합시장의 개설로 인해 민간 자본가(돈주)의 상품이 일반 소비자에게 흘러가는 새로운 유통망이 개통된 것이다. 이전의 유통망은 오직 국가에서 소비자로 단순하게 고착되어 있었다. 따라서 돈주가 확보하는 이윤도 이전과는 차원이 다른 수준으로 도약했을 것이다.

돈주의 성장: 물류와 휴대폰

돈주들은 북한의 물류에도 엄청난 영향을 미치고 있다. 대형 물류업체까지 운영한다는 소리도 들린다. 물론 국영 기업소의 간판을 달고 있을 것이다. 북한에서는 물류 부문의 사기업 역시 공식적으로는 아직 허용되지 않는다.

북한 인민들의 소비생활에 엄청난 비중을 차지하게 된 중국 수입품의 유통경로부터 살펴보자. 돈주의 영향권 내에 있는 국영 무역회사가 중국 기업에서 상품을 대량 구입한 다음 합법적으로 북한 국경 내로 들여와 나선·신의주 등 접경 대도시의 창고에 쌓아둔다. 그 다음은 북한 국내 물류망을 장악한 돈주들의 차례다. 남문희 기자의 설명에 따르면 이렇다. "(국경 내로 물건이 들어오면) 차떼기로 국내에 유통시키는 그룹이 있다. 이 대상大商들 역시 국영 기업이 아니라 돈주다. 1인의 대상 아래 약 20명의 중간상인이 있고, 중간상인별로 또다시 20여 명씩의 소매상인이 있다고 한다. 이런 과정을 거쳐 북한 전역의 시장에 수입품이 조달되는 것이다."

사회주의 계획경제 시절엔 물류가 발전할 수 없었다. 그때그때 필요한 물자만 기업에서 다른 기업으로(중간재), 혹은 기업에서 국영 상점(최종재)으로 나르면 되기 때문이다. 별도로 유통 전문 국영 기업을 만들기보다 기업소별로 운수사업부를 운영하면 충분했다. 그러나 2000년대 들어 각 지역별로 종합시장이 급격히 확산된다. 더욱이 수많은 소생산자들이 국가 생산 시스템과 별도로 상품을 생산하게 되었다. 국영 기업소 공산품 및 수입상품도 종합시장에서 합법적으로 거래할 수 있게 되어 인민들이 접하는 상품의 세계가 대폭 확대되었다.

이로 인해 물류가 급격히 발전할 조건이 만들어졌다. 제품들에 대한 정보를 빨리 얻고 신속하게 수송하면 수익을 얻을 수 있게 된 것이다. 이 부문으로 돈과 인력이 빨려 들어간다. 함경북도의 경제특구인 나선시에서 열리는 국제박람회에서는 최근 몇 년째 소형 트럭이 대량으로 팔려나가고 있다. 물류업 종사자들이 엄청나게 늘어났다는 간접적인 증거다.

시외버스 사업 역시 사실상 개인 기업화되었다. 보통 2인1조로 돈을 모아 중국산 버스를 매입한 다음 시·도 인민위원회(한국의 시청과 도청에 해당) 운수사업소 소유로 등록시킨 뒤 영업한다. 수익금 가운데 일부를 세금 및 국영 기업 명의사용료로 인민위원회에 납부하는 것으로 전해진다.

물류업의 발전에 따라 주유소와 숙박업이 새로운 업태로 떠오르고 있기도 하다. 북한엔 원래 개인이 운영하는 주유소가 없다. 그러나 최근 한반도 동북부의 물류 허브로 떠오르고 있는 나선특구에서 다른 지역으로 가는 길이나 평양-남포 도로 등에서 주유소를 목격했다는 증언이 나오고 있다. 화물차 운전자들의 식사나 휴식을 위한 여관·식당 등도 도로 주변에서 영업중이라고 한다. 물류의 발전과 더불어 다양한 전후방 연관 산업들이 나타나고 있는 것이다.

2000년대 중반 이후 급속하게 보급된 휴대폰 역시 물류의 발전에 크게 기여했다. 휴대폰을 통해 특정 제품의 지역별 물가를 조사한 뒤

싼 곳에서 매입하고 비싼 지역에서 팔 수 있었다. 전국 각지에 종합시장이 개설되어 있기 때문에 가능한 일이다.

휴대폰 덕분에, 북한에서 초기 단계의 금융업이 싹트고 있기도 하다. 북한은 원천석으로 은행업이 발전할 수 없는 나라다. 국가가 주택 등 기본적인 생필품을 책임지기 때문에 임금 수준이 높게 책정될 수 없다. 즉, 가계에 저축할 돈이 없다. 더욱이 일반 인민으로서는 주택, 창업(공식적으로 자영업이 불가능하다), 고액 과외 등 큰돈을 쓸 가능성이 봉쇄되어 있었기 때문에 대출의 필요성 역시 느끼지 못했다. 무엇보다 북한의 은행에는 저축과 대출 기능이 없다. 인민들에겐 은행 통장이나 계정이 없다.

은행이 없으면 어떻게 될까? 막연히 생각하는 것보다 실제는 훨씬 더 불편하다. 예컨대 서적을 구입하기 위해 A은행에 있는 당신의 계정에서 B은행의 인터넷 서점 계정으로 10만 원을 송금했다고 치자. A은행은 즉시 당신 계정의 잔고에서 10만 원을 뺀다. 잔고가 100만 원이라면 90만 원으로 기록해둔다. B은행은 인터넷 서점 계좌의 잔고에 10만 원을 더해서 기록한다. 그러나 이 시점까지도, 당신이 인터넷 서점에 보낸 10만 원은 A은행에 그대로 남아 있다. 기록이 변했을 뿐이다. A은행이 B은행에 10만 원을 보내야, 서적 구입에 따른 자금 이동이 완료되는 것이다. 이런 절차를 통합 관리하는 기관이 바로 청산결제은행이다. 청산결제은행엔 A은행과 B은행의 계정이 있는데, 전자에서 후자로 10만 원을 옮겨준다. 이로써 송금과 결제가 완료된다. 한국의 은행들 사이에서 이런 업무를 담당하는 기관이 바로 금융결제원이다.

은행이 없는 북한에서 어떻게 송금과 결제가 가능한 것일까? 최근 북한에선 택배가 상당히 발전한 상태라고 한다. 탈북자들과 북한 연구자들에 따르면, 시장까지 갈 필요 없이 제품을 집으로 배달받을 수 있다. 물론 은행이 있다면 간단한 문제다. 소비자가 해당 업체의 은행 계정으로 '송금'하면, 업체 측은 계정을 확인한 뒤 제품을 배달시키면 된다. 그러나 북한엔 은행이 없다. 금융결제원도 존재하지 않는다. 그러나 은행이 없어도 택배가 이뤄질 수 있는 방법이 있다. 두 가지의 요건만 채우면 된다. 하나는 돈주, 다른 하나는 휴대폰이다.

북한엔, 상당한 규모의 현금으로 무장한 채 일종의 금융업을 하는 돈주들이 지역마다 촘촘히 자리 잡고 있는 것으로 보인다. 나쁘게 말하면 사채업이다. 주로 소액 대부업에 종사한다고 한다. 2010년대의 북한은, 1990년대 이전에 비하면 시장이 놀랄 정도로 발전한 지역이다. 인민들 역시 소비나 소규모 자영업 운영 등으로 돈을 필요로 한다. 또한 각 지역의 돈주들은 나름대로 밀접한 네트워크를 형성하고 있을 것으로 추정된다. 이 같은 '돈주 금융업자들의 네트워크'에 휴대폰이 더해지면 송금과 결제 시스템이 가능해진다.

예를 들어, 황해도 해주의 이소비 씨가 함경북도 청진의 업체에 1000원짜리 제품을 주문한다고 가정하자. 이소비 씨는 해주의 대부업체를 찾아가 제품값 1000원과 수수료 100원을 건넨다. 해주 대부업체는 청진 대부업체에 휴대폰을 통해 '청진 업체에 1000원을 주라'고 요청한다. 돈을 받은 청진 업체는 이소비 씨에게 물품을 보낸다.

해주의 대부업체는 차후의 만남에서 청진 대부업체에 1050원(시장에 건넨 1000원 + 수수료 50원)을 준다. 양 지역의 대부업체가 시장경제 사회의 청산결제은행 역할까지 담당하는 셈이다.

북한의 이동통신

북한 물류와 금융업의 '필수적 자본재'라고 할 휴대폰은 언제쯤부터 대중화된 것일까? 개성공단 남측 실무진을 인터뷰한 바에 따르면, 대충 2009~2010년쯤이었다고 한다. 북측 관료들이 회의 중 휴대폰을 꺼내들고 대화하는 모습에 깜짝 놀라기도 했다는 것이다.

북한의 이동통신 사업자는 '고려링크'라는 합작법인이다. 2008년 북한 체신청과 이집트의 다국적 통신회사인 오라스콤이 함께 설립했다. 고려링크의 지분율은 오라스콤 75%, 북한 체신청 25%다. 한국과 마찬가지로 북한의 도시들에도 고려링크의 이동통신 기지국이 설치되어 있다. 북한에서 사용되는 휴대폰은 2016년 현재 300만 대를 넘은 것으로 추정된다. 한국과 마찬가지로 휴대폰 기기에 보조금을 듬뿍 얹어 싸게 배포한 뒤 서서히 요금을 통해 수익을 뽑는다. 다만 요금은 선불제다. 먼저 요금을 받은 뒤 그만큼만 휴대폰을 사용하도록 하는 것이다.

아무튼 이동통신 사용자가 급증한 것을 보면, 이집트 자본인 오라스콤이 '대박'을 친 셈이다. 그러나 소금도 부뚜막에 넣어야 짠 법! 오라스콤의 해외(북한) 투자가 '성공'으로 평가받으려면, 북한에서 거둔 '대박 수익'을 본국으로 송금할 수 있어야 한다. 그러나 북한 당국과 오라스콤 측이 '수익의 이집트 송금' 문제에서 심각한 의견 차이를 보이고 있다는 이야기가 지난 2015년부터 여러 매체를 통해 보도되고 있다.

크게 두 가지 설이 있다. 첫번째 설에 따르면, 북한 당국이 오라스콤의 수익금을 북한 내에 재투자할 것을 요구했다고 한다. 오라스콤 측이 거부하자, 현재 조선원화(북한의 화폐)로 표시된 수익금을 '비공식 환율'로만 달러화 교환을 해주겠다고 윽박질렀다는 것이다. 오라스콤으로서는 경악할 이야기다.

환율은 화폐의 가격이다. 외환시장에서 어떤 화폐에 대한 수요가 많으면 해당 화폐의 가격이 상승하고, 반대의 경우엔 하락한다. 예컨대 미국인이 한국의 공산품이나 주식을 매입하려면, 미국의 화폐인 달러로 한국의 돈(원화)부터 사야 한다. 이처럼 상대방의 화폐를 사고팔려는(수요-공급) 움직임이 상당한 규모로 있어야 '시세(=환율 혹은 통화가치)'가 형성될 수 있다. 이런 측면에서 볼 때 북한의 조선원화는 '가격'을 매기기 힘든 화폐다. 아직까지는 외국인들이 사고자 하는 북한의 상품 자체가 많지 않기 때문이다. 북한의 외국상품 수입 규모도 크지 않다. 북한의 무역 규모는 2016년 현재 한국의 1/200 정도다. 즉, 조선원화는 거래 규모가 너무 작아서 시세(환율)를 평가하기 힘들다.

북한 정부가 제시하는 공식 환율은 '1달러당 98.4원'(2015년 현재)이다. 조선원화 98.4원을 주면 1달러를 받을 수 있다는 이야기다. 조선원화에 대한 터무니없이 높은 평가다. 국제 외환시장의 시세보다

휴대폰으로 통화하는 북한군 관계자와 북한의 이동통신 사업자 고려링크의 안내 책자. 휴대폰은 북한 물류·금융업 발전의 필수재 역할을 톡톡히 하고 있다. 그런 한편 고려링크의 합작사인 오라스콤과 북한 당국의 분쟁은 외국인 투자 기업과의 사업에서 관한 북한이 미숙하다는 것을 보여주는 사례로 볼 수 있다.

북한 당국의 자존심을 반영한 환율이라고 할 수 있다. 북한 내에서도 달러의 인기는 매우 높다. 상당히 많은 인민들이 달러를 갖고 싶어 하지만, 은행이 없는 북한에선 암시장을 통해 거래하는 길밖에 없다. 이 암시장의 '비공식 환율'은 2015년 현재 '1달러당 8000원' 정도로 알려졌다. 조선원화 8000원을 줘야 1달러를 살 수 있다는 이야기니, 달러 가치가 공식 환율에 비해 80배 정도 비싸다.

한편 오라스콤과 북한 체신청의 합작회사 고려링크는 2015년 7월 현재 조선원화로 531억 원의 현금자산을 갖고 있다. 지분율(75%)을 감안하면, 현금자산 중 400억 원 정도가 오라스콤의 몫이다. 이 금액을 북한의 공식 환율(1달러당 98.4원)에 따라 환전하면, 4억650만 달러다. 그러나 비공식 환율(1달러당 8000원)로 계산하면, 겨우 500만 달러다. 4억650만 달러 대 500만 달러! 오라스콤으로서는 펄쩍 뛸

만하다.

두번째 설은, 북한 당국이 오라스콤에 괘씸죄를 물을 나름의 타당한 명분이 있었을 거라고 추정한다. 당초 북한과 오라스콤이 '장기간에 걸쳐 재투자한다'라는 이면 계약을 체결했는데, 오라스콤이 그 약속을 어겼다는 것이다. 북한이 오라스콤에 사실상 이동통신시장을 독점하도록 허용한 것을 감안하면, 사실일 가능성도 없지 않다. 그러나 오라스콤의 입장에서 보면, 북한과 금융거래를 하는 것만으로도 회사 전체가 휘청할 정도의 국제 제재를 감당해야 하는 형편이었다. 북한에 돈을 지속적으로 묻어두기는 어려웠을 것이다.

북한 당국의 처사도 슬기롭다고 보긴 어렵다. 북한은 1990년대 이후 줄곧 외국인 투자를 유치하기 위해 노력해왔다. 그렇게 하려면, 외국인들이 안심하고 투자할 수 있도록 해야 한다. 중국은 외국자본의 성공적 유치로 급속한 경제성장을 이뤄내지 않았는가. 외국인 투자를 끌어들이기 위해 그들의 이익을 확실히 보장해주는 정책을 의도적으로 펼쳤다. 외국인의 투자금을 확실히 보호하고, 수익을 낼 수 있는 조건을 만들어주며, 그 수익을 본국에 송금할 수 있도록 보장했다. 북한 역시 외국인 투자를 경제발전에 활용할 의도를 갖고 있는 만큼 외국자본에 좀 더 친화적인 외자유치 전략으로 대처해야 한다는 것이다.

국영 기업들에 부는 변화의 바람

이처럼 북한의 국내 시장 환경이 변화되면, 기업 경영 역시 바뀌어야 한다. 최근 북한의 경제 관련 관영 저널인『경제연구』등에 따르면, 원하청 기업 간의 중간재 거래에 '주문과 계약에 의한 계획'이라는 매우 낯선 개념이 등장한다. 원·하청 기업들이 각자 상당한 정도의 자율권을 갖고 중간재 생산량과 가격을 결정해서 상호간에 주문하고 계약을 체결하는 시스템을 발전시키겠다는 이야기로 해석된다.

원청기업이라면 자율적으로 시장 상황을 예측해서 최종 소비재(예컨대 연필) 생산량을 결정한 뒤 이에 필요한 물량만큼의 중간재(예컨대 흑연)를 하청기업에 주문할 것이다. 자사의 수익성을 높여야 하므로 가급적 중간재의 가격을 낮춰 부를 수도 있다. 이전처럼 국가가 중간재의 양과 가격을 정해주는 것이 아니라 원청이 자신의 판단으로 주문하는 시스템이다. 만약 중간재를 지나치게 많이 혹은 비싸게 구입하거나, 최종재가 생각만큼 팔리지 않으면 손실을 보게 된다. 그 책임은 지배인과 노동자들이 져야 한다. 하청기업 역시 원청의 주문보다 높은 가격을 요구하는 등 자사에 유리한 방향으로 거래하려 할 것이다.

'주문과 계약에 의한 계획'은, 이런 식으로 양 기업이 협의해서 계약하고, 일단 체결된 계약은 지키라는 이야기다. 따라서 국가 경제사령탑은 개별 기업들이 맺은 계약을 수집·총괄해서 전체 경제 시스템이 원활하게 작동하는 쪽으로 보완하는 역할(계획)을 맡게 될 것이다. 그런데 이런 방식은 전통적 의미의 사회주의 계획경제라고 할 수 없다. 자본주의 국가에서도 기획재정부 같은 경제사령탑이 시장 상황을 주시하면서 조절하는 정도의 역할은 한다.

다만 '주문과 계약에 의한 계획'이 현장에서 어떻게 실현되고 있는지는 아직 파악하기 어렵다. 아마 국영 기업들의 경우, 자율적 판단에 서툴 뿐 아니라 '계약을 반드시 이행해야 한다'라고 생각하지도 않을 것이다. 그러나 적어도 시도가 이뤄지고 있는 것은 확실하다. 심지어 북한의 논문 가운데는 '주문과 계약에 의한 계획'을 시도하는 중에 나타나는 현실적 문제들을 밀도 있게 논의하는 것도 있다. 예컨대 국영 기업간 계약을 체결했으나 이행되지 않는 경우, 어떤 벌칙을 부과해야 할 것인가? 적어도 북한 정부와 연구자들은 '기업들이 계약을 이행하도록 강제하는 제도적 틀'을 고민하는 단계까지 이르고 있는 것이다.

북한에 부동산 시장이 출현하다

시장화의 바람은 소비재를 넘어 부동산 부문에까지 밀어닥치고 있다. 최근엔 평양 등 북한의 특정 지역에서 집값 시세가 올랐다거나 내렸다는 뉴스들이 나오고 있다. 북한 사정을 잘 모르는 한국인에겐 도통 이해가 안 되는 이야기다. 사회주의 국가인 북한에서 집을 거래한다고? 공식적으로 모든 부동산이 국가의 소유인 나라에서 어떻게 다른 사람에게 집을 팔 수 있겠는가. 그럼에도 불구하고 실제로는 부동산이 거래되고 있다. 더욱이 은밀하게 소수에 의해 거래되는 것이 아니라 상당히 많은 사람들이 집을 사고팔기 때문에 '시세'라는 용어까지 등장하는 것이다.

그러나 지금도 북한은 엄연한 사회주의 국가이며, 법률적으로 모든 부동산은 국가의 재산이다. 이런 두 가지 상반된 사실 간의 괴리를 종합적으로 알아야 북한의 현실을 제대로 이해할 수 있다.

우선 북한의 공식적 부동산 제도부터 보자. 북한의 부동산(토지와 건물)은 원칙적으로 모두 국가의 재산이다. 대신 국가는 모든 인민들에게 주택을 제공할 책임을 진다. 노동자들의 임금 역시 생필품을 소비한 뒤 남은 부분을 저축해서 자가 주택을 구입하는 것은 불가능한 수준이다.

이처럼 토지에 대한 개인의 권리가 원천적으로 부정되는 상황에서는 시장경제가 발전할 수 없다. 어떤 사업에든 부동산이 필요하기 때문이다. 개인이 부동산을 소유하거나 빌릴 수 있어야 그 위에 건물을 지어 수익을 추구하는 공간으로 활용할 수 있다. 사회주의 국가인 중국이 개혁·개방 이후 '토지사용권'이란 제도를 만든 이유다.

중국에서도 '모든 토지는 국가의 재산'이다. 다만 국가가 민간인에게 토지를 빌려줄 수 있도록 허용했다. 이른바 토지사용권이다. 대신 국가는 해당 민간인으로부터 임차료를 받는다. 토지를 빌린 민간인은 50년 동안 해당 토지를 '자유롭게 사용할 권리'를 갖게 된다. 더욱이 이 권리를 다른 사람에게 팔 수도 있다. 그 위에 지은 건물에 대해서는 민간 사업자의 '소유권'을 법률적으로 인정해준다.

중국의 '토지사용권'은 단순한 임대라고 보기는 힘들다. 일단 '빌린 측'의 권리가 엄청나게 강하다. 한국 같은 자본주의 시장경제 국가의 경우, 토지를 50년 동안 빌리는 경우는 드물다. 더욱이 빌린 땅을 다른 사람에게 다시 빌려주는 것도 쉽지 않다. 이런 점들을 감안하면 중국의 '토지사용권'은 사실상의 소유권이다.

물론 '50년'이라는 임대기간이 설정되어 있긴 하다. 얼핏 보면, 국가로부터 땅을 빌려 30년 동안 사용한 사업가가 다른 사람에게 그 토지사용권을 넘기는 경우, 매우 싸게 팔아야 할 것 같다. 이용기간이 20년밖에 남지 않았으니까 말이다. 그러나 현실에서는 전혀 그렇지 않다. 오히려 훨씬 비싸게 팔린다.(개혁·개방 이후 중국의 땅값이 많이 올랐다.) 누구도 임대기간이 50년으로 끝난다고 생각하지 않기 때문이다. 공식적인 법률로는 그렇지 않지만(명색이 사회주의 국가인데, 땅에 대한 개인적 소유권까지 공식적으로 인정하기는 어렵다), 임대기간이 계속 연장(갱신)될 거라는 암묵적 합의가 민·관 사이에 존재하는 것이다.

더욱이 관련 법률에 따르면, 민간 사업가가 중국 정부로부터 토지를 빌려 그 위에 건물을 지은 경우, '토지사용권을 갱신하지 않으면, 정부가 건물 관련 비용을 보상해준다'라는 조항이 있다. 사용권을 갱신해주지 않으면, 국가 역시 엄청난 예산을 건물 값으로 지출해야 하는 난처한 입장에 빠지게 되는 것이다.

이처럼 어떤 물건을 빌렸는데, 그 빌린 상태를 사실상 영원히 유지하면서 여러 가지 용도로 사용할 수 있다면, 그것은 사실상의 소유권이다. 더욱이 중국의 토지사용권은, 원주인(토지를 빌려준 국가)의 의지와 상관없이, 빌린 사람이 팔거나 담보로 잡히는 등 마음대로 처분할 수 있다. 즉, 중국의 토지사용권은 '임대차'라기 보단 소유권이 조금 제한된 상태, 즉 '제한된 소유권'으로 보는 것이 오히려 적절하다.

토지사용권은, 중국이 1978년 개혁·개방을 통해 외국인 투자를

대량 유치하기로 결정하면서 발전시킨 개념이다. 외국인들이 중국에
투자해서 공장을 지으려면 땅부터 확보해야 할 것 아닌가? 만약 그
땅이 중국 국가의 소유고, 따라서 국가가 언제든 회수해버릴 수 있다
면, 어떤 투자자가 중국에 공상을 세우려 할까? 중국 정부 입장에서
는, 외국인 투자자가 사용할 땅에 대해 뭔가 권리를 보장해줘야 했
다. 이런 고민 가운데서, 국유재산인 땅을 투자자가 사실상 자신의
재산처럼 이용할 수 있는 토지사용권이란 개념이 나온 것이다. 공식
적으로는 사회주의지만 실질적으로는 자본주의 시장경제로 운영되
는 시스템에서나 볼 수 있는 기이한(?) 현상이라고 할 수 있다.

토지사용권을 제도화한 이후, 중국에서는 부동산 시장이 실질적으
로 작동되고 있다. 어떻게 보면 '미제국주의'의 위협이나 반공주의 운
동이 아니라 외국인 투자가 중국의 사회주의 경제 시스템을 바꿔놓
은 것이다.

주택시장에 뛰어든 돈주들

북한에도 중국과 비슷한 제도가 있다. 지난 1993년에 제정된 토지임
대법이다. 중국과 마찬가지로, 국가가 개인에게 50년을 기한으로 토
지를 빌려줄 수 있다. 북한에서는 토지이용권이라고 부른다. 그 사업
가는 토지이용권을 다른 사람에게 팔거나(양도), 심지어 돈을 빌릴 때
담보로 사용할 수도 있다(저당). 중국의 토지사용권과 대동소이하다.

다만 북한과 중국의 제도엔 중대한 차이가 있다. 중국의 토지사용
권은 외국인 투자자는 물론 중국인 사업가에게도 적용된다. 그러나

북한의 토지이용권은 주로 외국인 투자자들을 끌어들이기 위한 것이다. 토지임대법의 목적 자체가 다음과 같이 서술되어 있다.

조선민주주의인민공화국 토지임대법은 외국투자자와 외국투자기업에 필요한 토지를 임대하고 임차한 토지를 이용하는 질서를 세우는 데 이바지한다. (…) 토지의 임대기간은 50년에 한해서 계약당사자들이 합의 하에 정한다.

중국에서는 내국인들까지 토지사용권을 행사할 수 있기 때문에 개인이나 기업이 사실상 자신의 토지를 가지게 되었다. 이를 활용해서 수익을 낼 수도 있다. 반면 북한에서는 토지이용권이란 제도가 있긴 하나, 외국인 투자자들에게만 적용된다. 북한에서는 지금도 공식적으론 국가가 개인주택을 지어 공급하도록 되어 있다. 물론 그 주택은 거주자의 소유로 인정되지 않는다. 그런데도 북한의 집값이 오르내리고 있다니 어떻게 된 것일까? 개인들이 서로 주택을 활발하게 사고팔아야 시세가 변동할 수 있는 거 아닌가?

북한의 주택시장을 간단한 모델로 설명하자면 이렇다. '돈주'인 김재물 씨는 평양의 한 주택에 살고 있다. 물론 국가에서 배급받은 집이다. 그런데 아들 김부자 씨가 결혼해서 분가하기로 했다. 국가에서는 신혼부부인 김부자 내외에게 24평짜리 주택을 배정했다. 관청으로부터 해당 주택의 주소에 김부자 내외의 이름을 기입한 '입사증(해당 주택에 입주하는 권리)'도 받았다.

그러나 김재물 씨는 아들 내외를 더 넓은 집에 살게 해주고 싶었다. '사랑은 내리사랑'이란 말도 있지 않은가. 더욱이 돈을 많이 가진 부자인데, 가능한 일이라면 마다할 이유가 없다. 마침 노동당 간부인 김충성 씨는 평양의 경관 좋은 지역에 새로 건설되는 33평짜리 주택을 배급받게 되었다. 그런데 딸이 강력히 유학을 희망하는 바람에 돈이 필요한 처지다. 가능하다면 새로 배급되는 좋은 주택을 팔아서라도 돈을 마련하고 싶다. 그러나 주택거래는 공식적으로 금지되어 있다. 부동산 중개업체도 없다. 이런 김재물 씨와 김충성 씨의 수요-공급을 어떻게 연결시켜줄 수 있을까?

사실 이 거래는 의외로 단순하게 성사되었다. 김재물 씨는 비공식적이지만 중개업자 역할을 하는 것으로 널리 알려진 최연결 씨를 찾아갔다. 최연결 씨는 주택 관련 부서에서 입사증 명부를 관리하는 공무원과 친숙한 사이다. 최씨는 공무원에게 김부자와 김충성 두 사람이 받은 입사증의 명의를 바꿔달라고 부탁한다. 명의를 바꿔주면 김부자 씨 아들 내외는 대동강이 내려다보이는 33평 아파트로, 딸의 유학으로 가족이 내외 2명으로 줄어든 김충성 씨는 24평 아파트(김부자 씨가 들어가기로 되어 있었던)로 입주하면 된다. 김재물 씨는 두 주택 가치의 차액에 해당하는 돈을 김충성 씨에게 준다. 물론 최연결 씨와 공무원에게도 적당한 사례금을 지급해야 한다. 이처럼 중개업자가 입사증 담당 공무원을 끼면 사회주의 체제에서 불가능한 것으로 보였던 주택거래가 얼마든지 가능해지는 것이다.

물론 지금까지는 담당 공무원을 흔들어 입사증을 바꿔칠 수 있을 정도의 돈과 권력을 가진 사람들 중심으로 주택거래가 이루어졌을 것이다. 그러나 이런 불법거래가 불법으로 여겨지지 않을 만큼 일상적이고 상당한 규모로 성행해야 주택 시세가 형성된다. 이는 또한 입사증을 바꿔 더 좋은 집을 매입하는 데 동원할 만큼의 목돈을 가진 계층이 상당수 존재한다는 의미이기도 하다.

이런 흐름을 타고 최근엔 돈주들이 주택건설 사업에 뛰어들고 있다. 북한에서는 매년 인민들에게 새로 공급해야 할 주택을 어떻게 건설할지 계획한다. 주택 관련 기관이 주택건설권을 갖고 있다. '청진시에 올해 200채'라는 식이다. 그런데 주택을 건설하려면 철근이나 콘크리트 같은 자재가 대량으로 필요하다. 문제는, 현재의 북한 당국엔 그런 자재들을 조달할 능력이 없다는 것이다. 이럴 때 돈주들이 나선다. 예컨대 청진시에 지어야 할 200채를 자신들이 지어 분양하겠다고 국가기관에 제안한다. 그중 10~20채 정도는 국가기관에 주택건설 허가비 격으로 헌납해야 하지만, 나머지 180채만 팔아도 충분히 큰 수익을 올릴 수 있다. 물론 해당 주택에 들어갈 공식 입주자와 실수요자 간에 입사증을 바꾸는 작업이 필요하지만, 건설 자체가 국가기관과 '협력'해서 벌인 사업인 만큼 김부자 씨의 경우처럼 간단하게 처리할 수 있을 것이다. 이처럼 돈주들은 부동산개발업자 역할까지 하고 있는 것이다.

최근엔 권력자들이 풍광 좋은 위치에 주택건설 허가를 따주고 돈주 개발업자들로부터 목돈을 받는 경우까지 나타나고 있다고 한다. 북한에서도 부동산이 부의 축적 수단으로 각광받기 시작한 것이다.

북한의 아파트단지들.(왼쪽 상단부터 시계방향으로 평양 창전거리, 미래과학자거리, 통일거리, 광복거리) 대도시와 특구를 중심으로 일어나고 있는 북한의 부동산 바람의 이면에도 돈주와 권력과의 결탁이 자리 잡고 있다.

심지어 개성공단이나 나선시 같은 경제특구에서는 합법적으로 부동산 거래가 이뤄지고 있다. 개성공단의 경우, 한국 기업들이 토지이용권을 갖고 있다. 북한의 토지임대법상 '외국인 투자자에 대한 토지이용권'이 적용된 경우라고 할 수 있다. 실제로 개성공단의 한국 기업들은 토지이용권을 사고팔거나 대출에 담보로 사용하기도 했다.

나선특구에서는 개성공단보다 훨씬 본격적으로 토지이용권이 거래되고 있다. 몇 년 전엔 중국 건설기업이 나선특구 중심지의 토지를 50년 기한으로 빌린 뒤 고층(20층) 아파트를 지어 비싼 가격으로 분양했다. 해외 민간 건설업체가 북한 땅에 고급 아파트를 분양해서 큰 수익을 얻었다는 것은 믿기 힘들겠지만 사실이다.

사회주의 속의 자본주의

북한에 새롭게 등장한 사회세력인 돈주는 제조업·물류·무역 등은 물론 부동산 시장에서마저 '수익을 추구하는' 생산·분배 양식을 확산시키고 있다. 이런 가운데 초보적인 형태의 금융업이 나타나기 시작했다. 심지어 돈주는 노동당 간부나 관료 등 권력자 개인은 물론 국가기관 자체와도 긴밀한 커넥션을 형성하고 있는 것으로 보인다. 돈주들이 영위하는 각종 수익추구 행위는 단지 탈법이 아니라 국가 차원의 묵인 내지 양해 없이는 불가능한 종류의 것이기 때문이다.

더욱이 돈주들은 일부 국영 기업이나 국영 무역회사의 명의를 빌려 사실상의 민간기업을 운영하고 있다. 사회주의 체제에서 주택 건설은 국가의 독점영역이다. 그러나 돈주들은 국가 명의로 주택을 건설해 분양하면서 수익을 취하고 있다. 그 대가로 국가기관들은 돈주로부터 '명의대여료'를 받는다. 돈주의 입장에서 명의 대여료는, '명의상의 사회주의 체제' 속에서 자본주의 시장경제적인 수익활동을 하기 위한 고정비용이다.

북한에서 자생적으로 나타난 시장경제 부문이 급기야 남아도는 잉여를 사회주의 국가 부문에 분배해주는 단계로까지 성큼 자라난 것이다.

북한 당국 역시 지난 20여 년 동안 급속히 진행되어온 사회경제적 변화를 모르지 않을 것이다. 마르크스주의 개념들을 빌려서 말하자면, 하부구조(경제)의 급격한 변혁에 상부구조(정치 및 법률 제도)가 조응하지 못하고 있는 상태다. 개혁의 필요성도 절실하게 느끼고 있는 듯하다. 그러나 북한 당국은 절대 '개혁·개방' '시장경제' 같은 용어를 입에 담지 않는다. 최고지도자를 중심으로 뭉쳐 '인민대중 중심의 우리식 사회주의'를 견결히 지켜나가겠다는 구호를 호전적으로 되풀이해서 외칠 뿐이다.

그러나 이를 '기존 체제를 털끝만큼도 바꾸지 않겠다'는 완고한 의지만으로 해석하면 곤란하다. 오히려 밑에서부터 터져 나오는 급격한 사회변화를 적절히 조절하며 체제 내로 흡수하기 위한 '수사적 표현'으로 보는 것이 좀 더 타당할 수 있다. 북한 당국이 실제로 해온 일을 보면 그렇다. 그동안 북측은 종합시장을 허용하고, 토지임대법을 제정했으며, 경제특구(개성공단, 나선특별시)로 외국자본을 끌어들이기 위해 나름대로 노력해왔다. '주문과 계약에 의한 계획' '독립채산제' 등 국영 기업 개혁조치들도 변화의 시도로 평가할 만하다.

사회주의 체제의 변혁엔 나름대로의 문법이 있다. 공식적 명분과 실질적 속내가 다르다. 결코 '우리는 사회주의를 포기하고 시장경제를 채택한다'라고 공식적으로 표명하지 않는다. 중국 역시 그랬다. 중국 공산당은 개혁·개방 이후 마오쩌둥 시대라면 '주자파'走資派 반동'으로 몰려 숙청당할 정도의 시장경제 정책을 숱하게 추진했다. 심지

● '자본주의 노선을 따라가는 세력'이라는 뜻으로 문화혁명 당시 마오쩌둥의 추종자들은 류샤오치와 덩샤오핑 등을 주자파로 몰아 숙청했다.

어 외국자본 유치를 경제성장의 핵심 동력으로 삼았다. 그러나 이런 시장경제화 노선의 공식적 슬로건은 '초급 사회주의'였다.

초급 사회주의론에 따르면, 중국 체제는 1990년대 초 현재 정치제도 측면에서는 이미 사회주의 단계에 들어섰으나 치명적인 결점이 있다. 생산력이 낮은 단계에 머물고 있다는 사실이다. 그래서 사회주의이긴 하되 '초급' 사회주의에 불과하다는 것이다. 전통적 마르크스주의에 따르면, '능력에 따라 일하지만 필요에 따라 분배받는' '공산주의 사회'는, 생산력이 고도로 발전한 상태에서만 성취될 수 있다. 중국 공산당의 설명에 따르면, '초급' 사회주의를 '고급' 사회주의 즉 공산주의로 발전시키려면 정치체제(공산당 일당독재)는 그대로 유지하면서 생산력만 높이면 된다. 더욱이 중국 공산당은 초급 사회주의 단계를 최소한 100년 이상으로 설정했다. 이 초급 사회주의론을 입안하고 제창한 사람들이야 자신의 논리에 책임을 지지 않아도 된다. 100년 뒤엔 저승에서 "마르크스를 만나(마오쩌둥 시대 중국 공산당 지도부 인물들이 자신의 사망에 대해 사용하던 표현)" 포도주를 마시고 있을 것이기 때문이다.

중국 공산당이 초급 사회주의론을 통해 인민들에게 말하고 싶었던 이야기는 대충 이런 것으로 보인다. '우리가 중국을 자본주의 시장경제로 변화시키고 있는 것으로 보이지? 절대 그렇지 않아! 지금의 정책들은 먼 미래의 중국에서 공산주의를 실현하기 위한 것들이야.'

과연 그럴까? 현재까지 중국의 개혁·개방 현황을 보면, 1990년대 초 중국 공산당은 사회주의와 공산주의라는 이름만 내걸고 자본주의 시장경제 체제로의 변혁을 추진한 데 불과하다. 초급 사회주의론은 시장화 정책을 변호하고 오히려 일관되게 추진하기 위한 이데올로기였다. 같은 계열의 용어로는 '중국 특색의 사회주의' '사회주의 시장경제' 등도 있다.

북한이 서 있는 갈림길

북한 역시 중국이 겪었던 갈림길에 서 있다. 정치체제를 유지하는 동시에 국제관계를 정상화하고, 사회경제 개혁도 추진해야 한다. 외부 환경은 중국의 개혁·개방기보다 훨씬 열악하다. 당시 중국의 개혁·개방이 국제적 관심과 지지를 받은 반면, 지금의 북한은 여전히 경제 제재와 전쟁 위기 와중에 있다. 공개적으론 호전적인 슬로건을 연발하고 있지만, 북한 당국 역시 밑에서부터 치솟는 거친 흐름을 체제 내로 포섭하자면 제도 변화가 필요하다는 점을 알고 있을 것이다.

북한 당국은 이제 '밑으로부터 치솟는 시장경제화'를 더 이상 부인하지 말고 적극적으로 제도화해야 한다. 기존의 사회주의 시스템에서 존재하지 않았던 현상들이 나타난다면 법률 제정이나 개정을 통해 체제 내로 흡수해야 한다. 그래야 체제를 안정시키면서 경제발전을 도모할 수 있다. 북한 당국은 현재 부문별로 개혁을 추진해 나가고 있지만 법률 차원의 대응이 많이 부족하다. 시장은 발전하고 있는데 그를 뒷받침하고 규제할 법률적 기반은 허약하다는 이야기다.

예컨대 북한 당국은 국영 기업들이 서로 '주문과 계약에 의해' 중간재를 거래하도록 만드는 정책을 추진하고 있다. 그러나 이는 구호만으로 이룰 수 있는 일이 아니다. 한 업체가 중간재를 언제까지 납품해달라고 다른 업체와 계약했는데, 그 계약이 이행되지 않으면 엄청난 손해를 볼 수 있다. 이런 계약 불이행에 따른 손실을 보상받지 못한다면, 누구도 계약하려 들지 않을 것이다. 또 계약을 지키지 않아도 배상할 필요가 없다면, 굳이 안간힘을 쓰면서 계약을 이행할 필요 역시 없다. 이런 상황에서는 기업 간의 계약 자체가 성사되기 어려워 경제 전반의 발전을 가로막게 된다. 북한 당국은 계약이 지켜지지 않을 때, 계약 불이행자는 처벌하고 계약 이행자를 보호하는 '시장 친화적'인 법률을 제정해야 한다.

북한엔 일반 인민들이 사용할 수 있는 은행이 없다. 시장경제가 발전하다보니 자연스럽게 일반 인민들 가운데서도 돈을 필요로 하는 사람이 생겨난다. 소비나 창업을 하기 위해서다. 그러나 법률적 차원에서는 '돈을 빌려주고 원금과 이자를 돌려받는 행태(금융)'가 허용되지 않는다. 빌려주는 것과 이자 자체가 불법이다. 그러다 보니 '돈주 금융업자'들이 인민들에게 소액을 빌려주는 식의 불법 금융업이 성행한다. 돈주들은 심지어 국영 기업에도 돈을 빌려주고 현물로 이자를 받는다. 금융업이 지하경제의 영역에 머무르고 있는 것이다. 이런 상황에서 채무자가 돈을 갚지 않으려고 하면 어떤 일이 벌어질까?

현행 북한 법률에서는 대출 자체가 인정되지 않으니 채무 불이행 역시 법률적으로는 어떻게 할 수 없다. 결국 '힘 있는 자'들이 동원되어 강제로 받아낼 수밖에 없다. 힘이란 결국 권력 아니면 폭력이다. 더욱이 금융은 시장경제를 떠받치는 가장 중요한 축이다. 시장경제를 발전시키려면 금융업을 공식 부문으로 육성해야 한다. 이를 위해서는 '돈을 빌려주면 원금과 적절한 이자를 받을 수 있도록' 보장하는 법적 장치가 필요하다. 채권자와 채무자 간 분쟁이 발생하면 재판을 통해 강제로 상환 의무를 이행(강제집행)하도록 만드는 법률도 필요하다. 이런 법률이 없다면, 누구도 남에게 마음 놓고 돈을 빌려줄 수 없다. 계속 권력과 폭력을 업은 '지하금융'만 활개 칠 것이다. 더 나아가 일반 은행도 설립할 필요가 있다.

기업의 세금 및 회계에 대한 제도 개혁도 필요하다. 북한의 경우, 공식적으로는 세금제도가 없다. 다만 국영 기업들은 의무적으로 국가에 돈을 내야 한다. 종합시장에서 장사하는 인민들 역시 시·도 인민위원회(시·도청)에 '장세'로 불리는 일종의 세금을 낸다. 그러나 북한의 법전엔 세금에 대한 규정이 없다. 그래서 불합리한 일들이 벌어진다. 자본주의 사회에서처럼 순이익의 몇 퍼센트를 법인세로 내는 것이 아니라 '한 해에 얼마'식으로 정해진 액수를 납부하게 되어 있다. 심지어 이윤을 내지 못해도 납부해야 한다. 수익에 관계없이 세액이 일정하다는 것은 국가에나 기업에나 합당하지 않다.

시장경제 체제의 기업들은 회계제도를 통해 순이익을 계산한 다음 이익을 냈을 때만 법인세를 납부한다. 북한 기업들 역시 시장경제에 적응하려면 가장 기본적으로 필요한 것이 회계제도의 습득이다. 또한 '회계를 통한 세금 납부'가 정착되려면, 특정 기업에 대한 회계가 공정하고 투명하게 이뤄졌는지(즉, 법인세를 적게 내기 위해 순수익을 실제보다 적게 조작하지 않았는지) 감독하는 기관도 필요하다. 한국이라면 금융감독원이다. 회계를 운용하는 인력 및 세금을 걷을 수 있는 시스템도 마련해야 한다.

북한이 회계의 필요성을 체감한 것은 개성공단을 통해서였다. 개성공단 내의 한국 기업들은 북한에 세금을 내야 했다. 북한 당국으로서는 기업으로부터 법인세를 걷는 최초의 경험이었을 것이다. 그런데 북측이 세금을 받으려면 회계장부를 볼 줄

나선특구에 위치한 '황금의 삼각주은행'은 일반 주민들이 이용할 수 없다고 알려져 있다. 북한 주민들이 지하금융이 아닌 제도권 은행을 이용할 수 있으려면 이와 관련한 법제도가 마련되어야 한다.

알아야 한다. 그래야 한국 기업이 이익을 냈으면서도 '손실'이라고 속여 탈세할 위험성을 줄일 수 있다. 결국 한국 측 대표인 관리위원회가 북측의 요청으로 북한 인력 10여 명을 중국 선전으로 데려가 2~3달에 걸친 회계 교육을 시킨 바도 있다. 이런 인력들이 지금 다시 북한의 후배들을 교육하고 있을 것이다.

경제특구는 우리의 전진기지다

개성공업지구관리위원회가 북의 회계 인력 양성을 지원한 것은 시사하는 바가 크다. 한국이 북한 법제도의 발전을 도울 수 있다는 걸 보

여주었기 때문이다. 어쩌면 돈보다도 이런 지식과 경험이 북한이 개성공단에서 얻은 더 큰 성과일 것이다. 북한은 개성공단을 통해서 경제발전에는 어떤 법제도가 필요하고 그것을 어떻게 운용해야 할지 알게 되었다. 이처럼 한국은 북한의 긍정적 변화(시장 발전 및 친시장적 제도화)를 지원하고 추동할 수 있다. 이는 남북한은 물론 국제적으로도 '윈윈win-win 게임'이 된다.

북한이 변화할 수 있는, 느려 보이지만 가장 유력한 방법은 개성공단 같은 북한의 경제특구가 발전할 수 있도록 지원하는 것이다. 그러나 이것만으로는 부족하다. 한걸음 더 나아가 특구를 북한의 내부 지역과 연결해서 '북한 시장'이 빠르고 안정적으로 발전할 수 있도록 도와야 한다.

구체적으로는, 경제특구에서 생산한 상품을 한국과 해외는 물론 북한 내부 시장에 공급하는 방법이 있다. 현재 북한 주민들이 종합시장에서 구입하는 제품 가운데는 중국산이 많다. 경제특구에서 더욱 다양한 상품을 만들어 그 중국산을 상당 정도 대체할 수 있을 것이다. 물론 가전제품처럼 비싼 상품을 북한 주민들에게 팔기는 힘들 것이다. 그러나 현재의 북한에서 유통되는 소비재의 종류는 결코 많지 않고, 잘 찾아보면 북한 주민들에게 팔 수 있는 제품을 얼마든지 발견할 수 있다.

예컨대 북한에는 고무제품이 귀하다. 가정에서 음식물을 저장할 때 무거운 옹기나 독을 사용해야 한다는 말이다. 이런 측면에서 고무로 여러 종류의 용기를 만들어 북한 주민에게 팔 수 있다. 상수도 시

개성공업지구관리위원회에서 교육받고 있는 북한 노동자들. 이밖에도 남북교류협력기금을 통해 양성된 북한의 회계·세무인력들은 개성공단에서 쌓은 특별한 경험을 나선 등 다른 특구에서 십분 활용하고 있을 것이다.

설이 제대로 갖춰져 있지 않은 지역이 많은데, 수동 펌프를 공급하면 꽤 판매할 수 있지 않을까?

또한 북한 내부지역이 반드시 특구의 상품판매처로만 남을 이유는 없다. 북한 현지의 기업소나 '돈주'를 특구지역으로 유치해도 된다. 지금까지 북한 경제특구의 경우, 외부자(개성공단은 한국, 나선특구는 중국)들이 자본을 제공하고 북측은 노동을 제공하는 식이었다. 그러나 북측의 '자본'이 특구에서 제품을 생산한 다음 한국이나 해외로 '수출'해선 안 된다는 법은 없다. 더욱이 북측의 기업은 내부지역과 연계가 잘 되어 질 좋은 원자재를 저렴한 비용으로 들여올 수 있다. 예컨대 개성공단에 북한 돈주의 김치공장을 유치하면 북에서 재배한 배추를 사와서 김치를 만든 다음 서울에 공급하는 방식이다. 북한 농가로서는 안정적인 수요자를 통해 자본주의 시장과 연결되는데, 이 또한 북한 시장경제를 활성화시키는 방안이라고 할 수 있다.

또한 특구 운영의 안정성을 위해 개선해야 할 부분도 있다. 북한의 특구 개발에 한국과 중국 이외에 미국·러시아·일본 같은 나라의 자본도 참여할 수 있게 해서 좀 더 국제화하면 어떨까? 이를테면, 개성-나진선봉-신의주-금강산 등을 묶어 남북한의 주도로 여러 나라의 이해관계자들이 공동으로 특구 개발 기구를 구성하는 것이다. 이 공동 기구는 분쟁을 해결하는 장치이기도 하다. 이를테면 남북한 양측 간의 분쟁이 공단 폐쇄로 이어지는 지금까지의 폐단을 제거하는 데도 유용한 기구다.

'경제협력을 촉진하기 위한 보험'도 필요하다. 유엔 산하 세계은행 World Bank의 '미가MIGA, Multi-national Investment Guarantee Agency'에서 힌트를 얻을 수 있다. 미가는 저개발국의 발전을 위한 보험이다. 선진국 자본이 저개발국에 진출했는데 정치적 변란이나 전쟁 때문에 손해를 보면 해당 금액을 배상해준다. 그러나 북한은 세계은행의 회원국이 아닌데다 각종 경제제재 때문에 미가 프로그램을 이용할 수 없었다. 북한의 특구에 한국은 물론 해외자본까지 적극적으로 참여하게 하려면 이런 장치가 필요하다. 당장 힘들다면, 중국과 협의해서 AIIB(아시아인프라투자은행) 산하에 '북한 특구 투자를 위한 보험 기구'를 설치하는 방법도 있다. AIIB는 중국 주도 아래 아시아 국가들의 도로·철도·항만 등의 인프라(사회간접자본) 건설자금 지원을 목적으로 설립된 금융기구다.

북한의 시장화에 대한 한국의 대처 방안으로 경제특구가 중요한 가장 큰 이유는, 북한의 민주화와 법치주의를 발전시키기 위한 거의 유일한 현실적 방안이기 때문이다. 더욱이 남에도 북에도 이롭다.

지금까지 봤듯이 북한은 시장경제 발전에 필요한 법적 장치들을 거의 갖고 있지 않다. 외부에서 북한 당국에 '이런저런 제도를 입안하라'고 해봤자 씨도 먹히지 않는다. 유일한 방법은, 북한이 특구에서 직접 '시장경제에 필요한 법률제도'를 실험할 수 있는 기회를 제공하는 것이다. 북한은 특구에서 여러 제도를 실험하면서 체제에 부담이 덜한 법안부터 점차 도입할 수 있을 것이다. 뒤에서 보다 자세히 설명하겠지만, 북한은 개성공단에서 '학습한' 새로운(사회주의 체계에서는 낯선) 법률을 나선특구에 적용하기도 했다. 처음에는 특구에만 법이 적용되겠지만, 시장화가 더욱 진전되면 북한 전체에 적용되는 관련 법이 당연히 만들어질 것이다. 그런 법제도들이 축적될수록 북한은 법치에 가까워진다. 이는 북한이 주변국들과 공존하며 살아갈 수 있는 유일한 길이기도 하다.

게다가 '북한 핵문제 해결'과 '북한과의 교류를 통한 시장 활성화'는 밀접하게 연결되어 있는 문제다. 서서히 병행해가며 해결해가나는 방법밖에 없다.(8장 참조) 북한 당국 입장에서는 체제 붕괴의 위험성을 줄이기 위해서라도 시장 활성화 및 특구 개발을 추진하면서 외부와 교류할 필요가 있다. 한국과 미국 등 바깥 세계에서는 북한 경제가 안정적으로 발전해야 북측의 고슴도치 같은 도발적 행위들도 점차 완화될 수 있다는 것을 이해해야 한다. 이런 선순환이 이뤄져야 두 문제를 모두 해결할 수 있다. 이런 측면에서 북핵 문제부터 먼저 해결하고 경제교류에 들어간다는 것은 환상에 불과하다. 북한으로서는 어느 정도의 자신감을 갖고 외부에 대한 경계심을 누그러뜨리기 전엔 결코 핵을 포기할 수 없을 것이기 때문이다.

제5장

개성공단은 북한을
어떻게 바꾸었나

북한은 흔히 '동토의 왕국'으로 불린다. '군주'의 철혈통치로 얼어붙어 변하지 않는 국가란 의미다. 이런 인식은 북한에 대한 강경일변도 정책을 정당화하는 근거로 사용되기도 한다. '아무리 잘 해줘봤자 북한은 변화되지 않기' 때문에, 경제적으로 제재하고 외교적으로 고립시켜 궁극적으로는 무너뜨려야 한다는 것.

그러나 한국은 이미 북한 체제를 변화시킨 경험을 갖고 있다. 바로 개성공단이다. 개성공단을, 단지 남북이 사이좋게 경제적 이익을 공유했던 사업 정도로 봐서는 안 된다. 그보다는 북한의 경직된 사회주의 체제가 '밑에서 이뤄진 시장경제 발전'과 더불어 법제도 차원에서도 변화될 가능성이 입증된 장소다. 개성공단이라는 작고 폐쇄된 지역 내에서긴 하지만, 한국은 실제로 북한을 변화시켰다.

북한 당국으로서는 어떤 제도적 변화도 용납하고 싶지 않았을지도 모른다. 단순하게 생각하면, 남측의 '생산단위(기업)' 몇 개가 북한 내의 제한된 구역에 들어와 제품을 만든다고 해서 법제도까지 바꿀 필요가 있겠는가 말이다. 실제로 북측은 개성에 한국 자본을 유치하기로 했으면서도 어떤 제도적 준비도 해놓지 않았다. 심지어 지적도와 등기서류의 기반인 측량도 이뤄져 있지 않았다.

북측이 몰랐던 것은, 개성공단을 운영하기로 한 순간 시장경제 제도들을 필연적으로 차곡차곡 용인할 수밖에 없다는 사실이었다. 예컨대 한국 기업을 개성공단으로 유치하려면, 해당 부지에 대한 '사실상의 개인적 소유권'을 인정해야 했다. 입주 기업들로부터 세금을 받아내려면, 자본주의 시장경제의 핵심 제도 중 하나인 회계를 배워야 했다. 북한 주체주의자들이라고 해서 단지 자본주의 시장경제를 배격하기 위해(회계를 배격하기 위해), 이익(세금)을 포기하진 않는다. 또한 한국 기업인과 노동자들이 개성공단에서 활동하게 하려면, 조선민주주의인민공화국의 '형사 주권'을 일부 포기할 수밖에 없었다.

이런 식으로 북한 영토의 제한된 지역인 개성공단에서나마 시장경제와 인권 관련 법제도들이 마치 물이 모래로 스며들 듯 확산되었다. 1980년대 이전의 북한 주체주의자들이었다면 '자본주의 반동'이라며 치를 떨었을, 시장경제의 핵심적 제도들이다. 유감스럽게도 이 같은 개성공단의 법제도 변화는 아직까지 한국 사회에 널리 알려지지 않고 있다. 북한의 각종 도발들(한국과 미국에 대한 위협 발언, 핵·미사일 실험 등)과 달리 법제도 변화는 자극적인 사건이 아닌데다 그 중요성을 제대로 이해하기가 결코 쉽지 않기 때문일 터이다.

북한이 개성공단을 허용한 이유

남북 경제협력사업인 개성공업지구의 물꼬를 튼 것은 현대그룹이었다. 김대중정부 시절인 1999년 10월, 현대와 북한은 「서해안공단 건설에 관한 합의서」를 체결하고 공단 후보지로 해주·신의주·개성 등지를 검토한다. 그 결과, 2000년 8월 22일 공단 건설지로 개성을 선택하게 된다. 북한은 2년여 뒤인 2002년 12월 23일, 현대그룹 계열사인 현대아산에게 개성공업지구 전체 토지(2000만 평)에 대해 50년에 걸친 '토지이용권'을 발급했다.

김대중정부에게 개성공단은 남북 간의 경제교류를 통해 한반도 평화를 조성할 수단이었다. 동시에 북한 내륙으로 시장경제의 경험과 지식을 전파할 거점이기도 했다.

북한 역시 내부 지역에 한국과 함께 공단을 건설할 절실한 필요가 있었다. 1980년대 말 사회주의권의 붕괴 이후 북한은 '고난의 행군'으로 불리는 심각한 경제난을 겪었다. 수십만 명이 희생된 것으로 알려진 기아 사태까지 발생했다. 체제 안정을 위해서라도 경제개발을 급속히 추진해야 했다. 문제는, 이에 필요한 자본과 기술이 없다는 것이었다. 외국자본을 유치하려 해도 국제사회의 신뢰도가 낮은 데다 이런저런 경제제재까지 받고 있는 상황이었다. 따라서 북한이 자본을 유치할 수 있는 국가는 특수관계인 한국밖에 없었다. 결국 북한이 토지와 노동력을 제공하고, 한국 측이 자본을 공급하는 형태로 개성공단을 가동하기로 했다. 개성공단의 기반 시설들(용수·전력·통신 등)도 한국 측이 건설했다.

개성공단 내 현대아산 전경. 개성공단은 평화협력과 경제개발 그리고 이윤이라는, 남북 당국과 기업 3자의 이해가 절묘하게 맞아떨어진 결과였다.

　동시에 북한은 외국자본을 유치하면서도 체제에 위협이 되는 요소를 최소화할 필요가 있었다. 외국자본이 북한 전역으로 침투해서 시장경제와 자유주의적 기풍을 확산시키면 체제 전반이 통제 불가능한 상황으로 빠질 수 있다. 대안은 외국자본을 받아들이는 대신 특정 지역에만 묶어두는 것이다. 바로 경제특구다.

　중국이 바로 그렇게 했다. 개혁·개방 초기 선전·주하이 등 중국 남부 연안의 일부 지역에만 경제특구를 설치해놓고, 이에 한정해서 외국인들이 자본주의적 기업을 자유롭게 운영할 수 있는 제도를 시행했다. 일종의 실험이었다. 그중 경제발전에 유익하면서 사회주의 체제에 큰 타격을 주지 않는 것으로 입증된 제도들을 선별해서, 남부 연안의 다른 지역으로 확산시켰다. 그 다음 단계로, 연안 도시에서 성공한 제도들을 내륙의 광활한 지역으로 조심스럽게 옮겨 심었다. 점(선전·주하이)에서 선(남부 연안)으로, 선에서 면(중국 내륙)으로 확산되는 중국의 시장경제화 선략이다.

중국의 '점→선→면' 전략은 현재진행형이다. 최근 중국은 남부 연안의 대도시인 상하이의 주식시장에 한정해서, 외국인들이 중국 우량 기업들의 주식을 일부 매입할 수 있도록 허용했다. 이는 '외국인들이 중국 기업의 주주가 되는 경우'에 대한 실험이다. 좋은 결과가 나오면 중국은 국내 주식시장의 개방 폭을 계속 넓혀 나갈 것이다.

이처럼 사회주의 국가의 경제특구는 시장경제로의 변혁을 촉진하는 동시에 통제하는 수단이다. 개혁·개방 초기의 중국 경제특구들은 장벽으로 에워싸여 있었다. 중국 내륙의 인민들이 연안의 특구로 들어가려면, 통행증을 발급받아 검문소에 제시해야 했다. 물론 지금은 장벽이 철거되어 흔적만 남아 있다. 검문소가 여전히 있지만 실질적인 검문은 사라졌다. 중국의 변혁이, 특구와 내륙을 엄격히 분리해야 하는 수준을 이미 넘어섰기 때문이다. 개성공단 관련 합의가 이뤄지던 시기, 북한 김정일 국방위원장도 중국의 경험을 참조했던 것 같다.

개성공단이 남북한 양측에 경제적 이익을 주는 교류협력사업이었다는 사실도 중요하다. 분단 이후 남북 간엔 수많은 교류협력사업이 있었다. 그러나 대다수는 남측이 북측에 일방적으로 물자를 지원하는, '퍼주기' 방식이었다. 한쪽은 주기만 하고 다른 쪽은 받기만 하는 사업은 지속 가능하지 않다. 그러나 개성공단은 남북 양측이 윈윈win-win하는 사업이었다. 덕분에 어려운 가운데서도 개성공단을 지속시키려는 동력이 남북 양측에서 자연스럽게 생길 수 있었던 것이다.

개성공단은 빙산의 일각

지금의 개성공단은, 현대그룹과 북한이 합의한 '개성공업지구'의 한 부분에 불과하다. 당초 합의에 따르면, 2000만 평(66km^2) 규모의 부지에 공업단지는 물론 문화·관광·상업지구까지 건설하게 되어 있었다. 800만 평인 공단부지보다 '배후 도시(문화·관광·상업지구)'가 1200만 평으로 훨씬 크다. 야심찬 설계다. 당초 합의만으로 보면, 공단의 면적은 창원공단의 10배, 배후 도시는 분당 신도시의 2배 이상에 이른다. 개성의 신도시엔 공단에서 일하는 북한 노동자 30만 명 등 100만 명의 남북한 인구가 거주하게 될 것이었다. 호텔·영화관·식당 같은 상업시설은 물론 관광 기능까지 갖게 되어 있었으니, 합의가 실현되었다면 지금은 삭막하기 그지없는 휴전선 바로 위쪽에 중국 상하이처럼 번영하는 도시 하나가 들어섰을지도 모른다.

이 같은 개성공업지구 합의의 1단계 사업이 지금의 개성공단 100만 평(3.3km^2)이다. 2단계에서 250만 평으로 넓히고, 3단계에서 2000만 평으로 완료하려던 계획은 한국에서 보수정권이 연이어 집권하면서 9년(2008~2016년) 동안 중단되었다.

개성공단에서 처음으로 생산을 개시한 한국 기업은 소노코쿠진웨어('리빙아트'와 합작한 개성공단 법인)다. 2004년 12월이었는데, 당시의 개성공단엔 용수用水시설도 없었다. 식수도 임시로 우물을 파서 공급했고, 전기조차 각 기업들이 개별적으로 발전기를 돌려 자급해야 했다. 용수·전력·통신 등 주요 기반시설을 포함한 부지 조성 공사를 완료한 것은 2007년 10월이다. 이후 입주 기업들은 큰 무리 없이 생산활동을 할 수 있게 되었다.

한국 기업들의 개성공단 입주 경쟁은 꽤 치열했다. 경쟁률이 2.3대 1이었다. 부지 조성이 완료되기 직전인 2007년 4월에 입주할 기업들이 선정되었다. 업체들이 들어설 부지 배정도 완료되었다. 업종은 섬유·봉제·의복을 필두로 기계금속·전기전자·신발·화학플라스틱 등으로 다양했다. 2015년 말 개성공단엔 123개의 기업이 입주했는데, 연간 생산규모가 5억6000만 달러(2015년 현재)가량에 달했다. 개성공단에서 일하는 북한 노동자는 2015년 5만3000여 명 정도였다.

개성공단은 흰색과 녹색의 이중 울타리로 북한의 다른 지역과 공간적으로 분리되어 있다. 물류의 움직임은 남쪽으로만 열려 있다. 한국의 모기업이 개성공단 내의 자회사에 중간재를 보내면, 그쪽에 고용된 북측 노동자들이 완제품으로 가공해서 다시 한국으로 반출하는 형태다.

또한 개성공단의 이런 기능들이 순조롭게 작동하도록 공단 자체적으로 다양한 형태의 법규를 만들어 시행했다. 이런 입법·행정 업무를 시행하는 한국 측 대표기구가 바로 '개성공업지구관리위원회'(관리위원회)다. 북측의 대표기구는 '중앙특구개발지도총국'(총국)이다.

산하에 세무서와 보안서(경찰) 등을 두었다.

남측 관리위원회는 북측 총국과 협상해서 개성공단에 적용할 법규들을 만들었다. 물론 북측이 개성공단에 적용하기 위해 만들어놓은 기본적인 법률과 규정이 있었다. 문제는 북한 당국이 제정해놓은 큰 범위의 법률로는, 남과 북의 자본과 노동자들이 현실에서 얽히며 나타나는 구체적인 문제들을 해결할 수 없었다는 데 있다. 예컨대 남측 인원이 북측 노동자와 싸워서 상해를 입히면 어떻게 처벌할 것인가? 혹은 남측 노동자가 음주운전을 하다가 북측 시설을 파괴하면 어떤 식으로 손해를 배상할 것인가? 그래서 남측 관리위원회는, 북측이 만들어놓은 개성공단 관련 법률의 하위 규범으로 세칙(시행령), 준칙(시행규칙) 등을 북측 총국과 협의해서 구성해 나갔다.

세·준칙은 '하위' 규범이지만, 구체적 현실에서 발생하는 문제를 다룬다는 측면에서 북측의 개성공단 관련 법률보다 오히려 영향력이 컸다. 또한 남측의 관리위원회가 세·준칙의 제정을 주도함으로써 공단의 개발 및 운영이 북측 기관들로부터 어느 정도의 독립성을 확보하게 되는 측면도 있었다. 관리위원회는 세·준칙이 집행되는 과정에서 나타나는 여러 문제점들에 주목하며 규범을 지속적으로 개선해나가야 했다. 교통사고나 싸움 등 개성공단 사람들 사이에 일어나는 각종 사건·사고들 역시 세·준칙에 따라 처리할 수 있었다.

북한의 적응과 변화

북한 정부는 개성공단을 열면서 체제 수호 차원에서 많은 우려를 가

각 시기별 개성공단 지역 항공사진.(위에서부터 부지 조성을 시작한 2004년, 기업들이 본격적으로 입주하기 시작한 2006년, 1단계 조성사업이 거의 마무리된 2009년). 중단된 2,3단계 사업이 활성화 되면 이 지역은 남북 합쳐 100만 명의 인구가 상주하는 거대 신도시로 탈바꿈하게 될 것이다.

졌던 것으로 보인다. 그런 우려가 단순히 기우만은 아님은 개성공단의 남측과 북측 사람들이 일상적으로 맞부딪치는 공간에서도 수없이 나타났다. 북한 당국은 개성공단으로 파견된 남측 노동자들이 북측 노동자들을 '사상적으로 오염'시킬까봐 크게 두려워했던 것 같다.

당초 북한 당국은, 남측 기업이 북측 노동자들의 생산성을 높이기 위해 인센티브를 도입하는 것까지 억제하려 했다. 제공하려 했던 인센티브는 주로 '물질적 자극'이었다. 그런 자극 중 하나가 바로 '초코파이'다. 북한 당국과의 합의에 따라 돈을 더 줄 수 없었기 때문에(그 이유는 뒤에 나온다) 초코파이를 활용한 것인데, 북측 노동자들 사이에서도 대단히 인기가 높았다. 당시 입주 기업들에 따르면, 생산성을 높이거나 연장근로를 유인하는 데 초코파이가 상당한 위력을 발휘했다고 한다. 그러나 처음엔 이에 대한 북측의 반응이 대충 이랬었다.

"우리 공화국에서 생산성을 높이기 위한 사업방식은 정치사상적 자극과 물질적 자극을 배합하는 것이다. 남조선처럼 노동자들을 물질적으로만 자극하는 것은 바람직하지 않다. 차라리 높은 성과를 거둔 노동자에게 꽃다발을 걸어주며 영웅으로 불러주는 것이 생산성 향상에 이롭다."

그런데 시간이 지나면서 서서히 북한 당국이 오히려 '노동자들에게 더 많은 인센티브를 제공하라'고 요구하게 된다. '사상적 오염'에 대한 우려가 상당 부분 완화되었던 셈이다. 따라서 통제도 느슨해졌다. 남북 노동자들의 접촉에 대해서도 어떤 건 그냥 놔두지만, 문제로 판단하는 유형은 철저히 억제하는 방식이었다. 북측이 나름대로의 통제 노하우를 얻은 것이다.

북측 노동자들도 남측 노동자나 그 문화에 대해 스스로 면역력(?)을 갖춰 나갔다. 처음에는 남측 사람들을 접하면서 꽤 충격이 컸던 것 같다. 그동안의 경제난 때문에 북측 노동자들은 그리 돋보일 수 없었다. 영양분을 제대로 섭취하지 못해서 얼굴에 버짐도 많고, 생필품도 변변찮았으며, 의류도 초라했다. 이런 개성공단으로 깨끗하고 세련된 옷을 입고 심지어 자가용까지 가진 남측 노동자들이 밀어닥친 것이다. 북측 노동자들이 상당한 문화적 충격을 받다보니, 오히려 이로 인해 자존감을 내세우다가 사소한 일로 남측 사람들과 충돌하는 일이 잦았다.

이를테면 김일성과 김정일에 대한 호칭 문제다. 북측에서는 두 사람의 이름에 각각 '수령님'과 '장군님'이란 호칭을 반드시 붙인다. 그러나 남측 사람들은 예사로 이름을 부른다. 개성공단 초기엔 주로 북한 지도자의 호칭 때문에 남북의 사람들 간에 시비가 붙곤 했다.

국호 문제로도 다툼이 많았다. 한국의 공식 국호는 대한민국이다. 그래서 남'한'과 북'한'이라는 용어를 사용한다. 반면 북한의 국호는 조선민주주의인민공화국이다. 따라서 남북을 각각 남'조선', 북'조선'이라고 부른다. 개성공단에서는 남한(남조선)을 '남측', 북한(북조선)을 '북측'이라 부르는 것으로 대충 합의가 이뤄졌다. 개성공단 초기에 남측 관리위원회에서 근무했던 사람들의 이야기에 따르면, 국호 때문에 북측 총국과의 협의를 망친 적이 한두 번이 아니었단다. 협의 도중 흥분해서 자신도 모르게 '남한'과 '북한'을 연발해버린다는 것이다. 그러면 북측 참가자들이 "당신과는 앞으론 이야기 않겠다"고 선언하며 협상장을 박차고 나가버린다. 북측이 그만큼 단단하게 움츠려 있었다는 이야기다.

세월이 좀 흐르면서 이런 문제는 자동적으로 해결되었다. 남측 사람들도 북측 사람들이 신경질적으로 반응하는 용어들을 가급적 입밖에 내지 않도록 조심하게 되었다. 북측 협상단 역시 회의실에서 '남한' '북한' 같은 용어가 좀 나와도 "오늘 세어봤는데, 당신이 '북한'이란 소리를 세 번이나 했어"라고 웃으며 포용력을 보이게 되었다. 남측 사람들에 대해 '우리와는 좀 다른 동포' 정도로 인식하게 된 것이다. 처음엔 외견상 북한 체제를 위협할 수 있는 것으로 보이는 남측의 모든 말과 움직임에 신경질을 부렸지만, 차츰 경우에 따라 포용적으로 판정하고 대응하는 세련된 방식을 익혔다.

어찌 보면, 북한이 비로소 '사회주의라는 큰집을 허물지 않고도 경제특구란 걸 통해 돈을 벌 수 있다'는 자신감을 갖게 된 것이다. 북한엔 '모기장 이론'이란 용어가 있다. 모기장으로 모기는 막고 공기는 통하게 만든다는 것. 여기서 모기는 서방의 사상이고, 공기는 돈이다. 어쩌면 개성공단의 가장 큰 성과는, 북한에게 '특구 운영을 통해 돈은 벌되 사상 오염은 최소화할 수 있다는 자신감'을 갖도록 만든 것인지도 모른다. 이후 북한은 황금평·위화도 경제지대나 나선자유경제무역지대 같은 특구를 계속 모색하게 되는데, 이는 개성공단에서 쌓은 자신감의 결과로 보인다.

북한은 변화하지 않는다?

그렇다면 한국의 보수층에서는 북한이 체제 유지에 보다 자신감을 갖게 되는 탓에 '개성공단 회의론'이 나올 수도 있겠다. '개성공단을 통해 북을 바꿔놓겠다는 취지는 결국 어긋나버린 것 아닌가?'

결론부터 말하자면, 그렇지 않다. 개성공단은 실제로 북한 체제와 인민들을 변화시켰다. 물론 북한이 당장 정치적으로 민주화되었다거나 혹은 시장경제 체제를 공식적으로 채택한 것은 아니다. 그러나 이런 변화는 중국의 시장경제 발전 과정에서 알 수 있듯이 하루아침에 도둑처럼 오는 것이 아니다. '개성공단의 북한'은 느린 보폭이지만 확고하게 바뀌고 있었다. 개성공단에서 수년간 근무하면서 북한 청년들과 나름 친숙하게 지냈던 이와의 인터뷰 내용을 그대로 옮겨본다.

"어떤 북한 청년과 함께 가끔 담배를 피웠어요. 그런데 어느 날 남쪽의 자동차들 이름을 다 가르쳐 달래요. 그랜저, 소나타…. 그래서 '뭐 하려고 그래?'라고 물어봤죠. 개성시내에서 친구들과 놀다가, 누가 남쪽의 자동차 이름을 많이 아는지 내기했다는 겁니다. 그런 게 일종의 자랑이 되는 겁니다. 과거 고등학생 시절에 친구들과 '벤츠가 어느 나라 차량인 줄 알아?' 하고 놀던 일이 생각나더군요. 이런 식으로 한국에 대한 정보가 북측 인민들에게 들어가는 거죠. 저뿐 아니었어요. 북측 인민들은 한국 시민들의 생활에 대해 매우 궁금한 점이 많은 것 같았지요. 여기저기서 '어린이들이 학교에서 뭘 배우고' '얼마나 많은 사람들이 자동차를 갖고 있으며' '몇 년 일하면 집을 살 수 있는지' 등에 대한 이야기를 자연스럽게 나누게 됩니다. 어떻게 보면 개성공단은 한국에 대한 정보를 북한으로 전파하는 통로이기도 했지요. 내가 볼 때, 남북한 사람들 간에 정보가 활발히 교류되는 상황을 경계해야 하는 쪽은 오히려 북한 정부 아니었을까요?"

이처럼 한국의 생활상에 관심 많은 북한 인민들이었지만, 그들이 시장경제적 생산 관행에 익숙해지기까지는 시간이 좀 걸렸다. 개성공단 초기의 입주 기업들은 납기와 품질관리 때문에 많은 고생을 해야 했다. 북측의 관리자와 노동자들이, 시장주의 시스템에서는 기본 중 기본인 '납기 준수'를 도통 이해하지 못했기 때문이다. 심지어 생산량만 어떻게든 맞추면 품질이나 납품기일은 너무 따지지 말라는 식의 분위기였다. "5월 31일까지 100개 만들어 보내주기로 했는데, 5일 정도 늦은 6월 5일도 문제없잖아. 약속한 만큼의 물품을 맞춰주지 않겠다는 것도 아니고…" 이런 식이었다.

어찌 보면 사회주의 체제에서는 당연한 일이다. 국가가 필요한 재화의 종류와 양을 계획해서 이미 정해져 있는 중간재 및 최종재 기업소들에게 지시하는 시스템이기 때문이다. 설사 며칠 늦게 납품하더라도, 그 책임을 물어 거래가 끊어지는 따위의 일이 발생할 염려는 없다. 조금 엉망으로 만들어 납품하더라도 받는 쪽에선 어쩔 수 없다. 그렇지만 기일을 지키지 못하면 거래가 끊어지고 손해배상까지 감수해야 하는 한국 기업으로선 죽을 맛이었다.

입주 기업들은 처음엔 북한 노동자들을 관리하는 '종업원 대표(직장장)'에게 '납기의 중요성'을 설명하는 데 상당한 시간을 할애해야 했다. 종업원 대표들 역시 납기를 못 맞추면 회사가 얼마나 큰 손해를 입는지 알게 되면서부터 오히려 연장·야간근로를 하자고 노동자들을 설득하곤 했다.(개성공단의 '법적 노동시간'은 주 48시간이다.)

그 다음은 품질관리 문제였다. 납기가 지켜지기 시작하자, 북한 노동자들이 생산량 맞추는 데만 급급해서인지 불량품이 대폭 늘어났다. 결국 입주 기업들은 검사 시스템을 강화하게 된다. 한마디로, 해당 제품을 만드는 일련의 과정에서 어떤 노동자가 실수했는지 체크할 수 있는 장치를 마련한 것이다. 일종의 '작업실명제'인데 처음엔 거부감이 컸다. 노동자들이 거세게 반발하거나 혹은 생산량이 급감하기도 했다. 사회주의 체제의 노동자들로서는 무리가 아니다. 사회주의권 노동자들은 아무래도 집단주의에 친숙하다. 어떤 공장의 생산성이 높아지거나 떨어진다면, 해당 노동자 집단 전체의 '승리'나 '과오'라는 식으로 평가되곤 한다. 이에 비해 작업실명제는 과오를 범한 노동자 본인을 찾아낸다는 점에서 집단보다는 개인의 책임성을 강조하는 시스템으로, 개인이 중심인 자본주의 시장경제적 색채가 짙은 작업장 문화다. 하지만 작업실명제는 조금씩 북측 노동자들에게 스며들었으며, 2010년대 들어서서는 무리 없이 작동하게 됐다.

개성공단의 노동제도

이처럼 남북 양측의 노동 관련 제도가 완전히 다른 데다, 북측 노동자들로서는 그동안 '적'으로 간주해온 남측 자본의 지시를 따라야 한다는 사실에 심한 거부감을 느끼기도 했을 것이다. 개성공단 입주 기업들이 가장 어려움을 겪었던 문제 역시 노사관계다.

한국 같은 자본주의 사회에서 노동은 일종의 '상품'이다. 노동 수요자(기업)와 노동 공급자(노동자) 양측이 노동을 거래하는 시장이 작동한다. 법률적으로도 기업과 노동자 개인이 1대1로 임금 및 근로시간 등에 대한 '노동계약'을 맺는 것으로 간주된다. 기업이 노동조합과 노동계약을 체결하는 것이 아니다.

이에 비해 전통적 사회주의 시스템엔 노동시장이 없다. 대체로 국가가 인민들의 직장을 선택해주고, 원칙적으로 해고는 금지되어 있다. 기업이 자율적으로 노동자를 채용하거나 해고할 수 없다. 임금역시 노동시장에서의 수요-공급이 아니라, 국가가 설정한 생활비를 기준으로 지급된다. 그러므로 기업과 노동자가 각각의 개별적 주체로 '1대1 노동계약'을 맺는 것이 아니다. 사회주의에서 노동자는 '개인'이 아니라 '노동계급의 일부'로 간주된다. 노동자들에게는 직장에서 해고될 위험이 없지만 다른 업체로 이동할 자유 역시 없다.

개성공단은 이 같은 원리로 돌아가는 사회주의 국가의 노동자를 자본주의 기업이 고용해서 생산 공정에 투입한 현장이었다. 상황이 복잡할 수밖에 없었다. 일단 북한 당국은 노동자들이 외국인 기업에서 일하는 경우에 한해 '1대1 노동계약'을 인정해왔다. 그렇다고 해서 노동자 개인이 외국인 투자 기업을 찾아가서 개별적으로 노동계약을 체결해도 된다는 것은 아니다. 북한이 이런 경우에 대비해서 만들어놓은 「외국인투자기업 노동규정」에 따르면, 북측의 인력 알선 기관이 외국인 투자 기업에 노동자를 선별해서 보내주게 되어 있다. 해당 기업은 노동자 개인이 아니라 직업동맹(북한 조선노동당 산하의 노동자 정치조직)과 노동계약을 체결한다. 하지만 개성공단은 좀 달랐다. 입주 기업들은 북측의 개성공단 관리기관인 중앙특구개발지도총국으로부터 노동자를 공급받았다. 입주 기업과 총국 간에 사실상의 노동계약이 체결된다고 할 수 있었다.

그렇다면 개성공단 입주 기업들은 노무관리를 어떻게 했을까? 역시 처음엔 쉽지 않았다. 채용된 노동자들이 '종업원 대표'를 중심으로 움직였기 때문이다. 종업원 대표는 노동자들이 아니라 북한 당국으로부터 선임되었는데, 권한이 매우 컸다. 예컨대 입주 기업은 노동규칙을 만들거나 연장근로를 시행할 때 반드시 종업원 대표와 협의 또는 합의하도록 규정되어 있었다. 심지어 종업원 대표를 통해서만 북한 노동자들에게 업무를 지시할 수 있었다. 종업원 대표가 노동자들의 직무를 임의로 조정하거나 조·반장을 임명하기도 했다. 한국의 공장이라면 불가능한 일이다. 일부 북한 노동자들은 "회사 측이 아니라 공화국(북한)이 우리를 관리한다. 개성공단을 만들 때부터 인사권은 공화국이 갖도록 되어 있었다"라며 기업 측에 반발하기도 했다고 한다.

입주 기업으로서는 채용한 노동자들에 대한 관리 자체가 불가능한 상황이었다. 개성공단 초기엔 이와 관련된 웃지 못할 에피소드들도 많았다. 한국에서 화물차가 와서 빨리 하역해야 하는 상황인데, 북한 노동자들에게 지시하면 "종업원 대표를 통해서 말해 달라"고 하는 식이었다. 북한 노동자의 작업 방법이 잘못된 것이 뻔히 보이는데도 종업원 대표가 보이지 않을 땐 "그렇게 하지 말라"고 할 수 없었다.

남북 양측이 노동제도는 물론 노동에 대한 인식이 판이한 상황에서 개성공단 입주 기업들은 저마다 최선의 노사관계 정립을 위해 동분서주했다. 이때의 경험은 앞으로 이어질 다른 교류협력사업에서 의 시행착오를 줄이는 데 암묵지로 작용할 것이다.

입주 기업들로서는 업무 지휘 자체가 어려웠다. 그래서 종업원 대표 의 선임('북측이 정하도록 내버려둬야 하는가')과 권한을 둘러싼 논란이 남북 대표 간에 뜨겁게 진행되기도 했다.

결국 입주 기업들은 고유의 노사문화와 현지 분위기를 반영해서 제각기 독창적인 노사관계 모델을 만들어내기에 이른다. 어떤 기업 은 그냥 북한 노동자와 종업원 대표에게 맡겨버렸다. 경영진에서는 자재 공급, 임금 지급 등만 책임지면서 '작업 노하우'를 종업원 대표에게 전수하는 방식이었다. 그렇게 하면 종업원 대표가 다시 노하우에 따라 노동자들을 지휘해서 생산했다. 생산 공정이 단순한 제품은 이렇게 해도 괜찮았다.

이와 정반대의 노선을 취한 기업도 있었다. 노동자들의 근무시간과 근무태도 등을 엄격히 통제했다. 심지어 한국 노동자들을 다수 불러와서 각 라인마다 북한 노동자들 사이에 붙이기도 했다. 남측 노동자들이 북측 노동자들을 지휘하는 반장급과 계속 접촉하면서 사측의 관리 방식을 관철시킨 것이다.

또 다른 모델로는, 친교를 강화하는 식이 있었다. 인격적 대우나 복리후생 증진 등을 통해 소속감을 고취시켜 북한 노동자들의 자발적 근로의욕을 유도한 경우다. 한 업체의 경우, 현지 경영자를 비롯한 남측 관계자들이 매일 출근시각에 공장 앞에 도열해서 북한 노동자들을 반겼다. 이런 식으로 북한 노동자들 사이로 흐물흐물 녹아들어갔다.

이렇게 각 기업마다 자사의 제품 특성에 맞게 노사관계를 창조적으로 만들어나갔고, 이것이 개성공단이 성공한 이유 중 하나이기도 했다.

개성공단의 임금은 어디에 쓰였나

입주 기업들의 가장 큰 불만은 노동자들에게 임금을 직접 지불할 수 없다는 것이었다. 기업으로선 임금 지급이나 인상 자체가 노동생산성을 높이기 위한 중요한 경영행위 중 하나다. 더욱이 개성공업지구 노동규정에 따르면, "기업은 노동보수(임금)를 화폐로 종업원에게 직접 주어야 한다(임금직불)"라고 되어 있다. 그러나 임금직불은 끝내 실현되지 못했다.

지난 2016년 2월 개성공단이 폐쇄될 때까지 입주 기업들은 노동자들의 전체 임금을 총국에 건넸다. 물론 달러화로 지급한다. 2016년 현재 1인당 평균임금이 월 150달러(한국 돈으로 17만 원)다. 심지어 이는 연장근로·야간근로·사회보험료(임금총액의 15%를 기업 측이 추가로 납부한다. 한국으로 치면, 4대보험의 사측 부담금) 등을 모두 합친 금액이다. 최저임금은 월 70달러.

북측 총국은 그 달러화를 받아가는 대신 해당 노동자에게 현물표(80%)와 조선원화(20%)를 지급했다. 노동자들은 그 현물표를 국영상점이나 배급소 등에서 생필품으로 바꿀 수 있었다. 곡물 등을 '국정가격'으로 살 수 있기 때문에 개성공단 노동자들은 다른 주민들보다 훨씬 풍요롭게 살 수 있었다고 한다. 같은 물품이라도 일반 시장보다 국영 상점의 국정가격이 훨씬 낮았기 때문이다.(3장 참조) 지급받은 조선원화는 이발료 등 주로 서비스를 이용하는 데 썼다고 한다.

아무튼 평균임금으로 따지면, 개성공단의 북측 노동자가 5만 3000명이니까 연간 1억 달러 정도가 북한 총국에 넘어갔던 셈이다. 이 1억 달러는 어떻게 사용되었을까? 혹시 핵무기 개발로 전용되었나? 결론부터 말하자면 그럴 여지는 매우 작다. 1억 달러 가운데 상당 부분이 개성공단 노동자들에게 공급할 물자(노동자들이 현물표로 바꿀 물자)를 해외에서 사오는 데 지출되었기 때문이다.

. 북한은 그동안 인민들을 굶기지 않을 정도의 곡물도 자체적으로 생산하지 못했다. 그러니 현물표를 받고 내어줄 물자도 수입해야 했다. 개성공단 초기엔, 북측 총국이 남측 입주 기업들로부터 임금으로 받은 달러를 '로바나'라는 호주의 교포회사에게 넘겼다. 로바나가 노동자들에게 제공할 생필품을 해외에서 매입해 총국에 공급하는 조건이었다. 즉 문제의 달러 가운데 대부분은 북한 정부의 핵무기 개발 부서가 아니라 호주의 로바나에게 갔다. 그런데 로바나가 얼마 지나지 않아 계약을 파기해버렸다. 수지가 맞지 않았기 때문이다. 그 돈으로 노동자들의 생필품을 구입해서 개성공단으로 넘기고 나면 로바나는 적절한 이윤도 남기지 못하거나 손해를 봤다는 의미다. 1인당 평균 월임금이 150달러밖에 안 되니, 그럴 수밖에 없다.

결국 북한 총국은 개성공업지구관리위원회(남측 대표)에게 매달렸다. '달러화를 넘길 테니 물자를 사달라'는 것이었다. 당시 관리위원회에 근무했던 관계자에 따르면, 무척 기뻤다고 한다. 남측 관리위원회가 문제의 달러를 받아서 직접 물자를 조달하면 '핵무기 개발 자금 퍼주기' 논란의 뿌리를 잘라버릴 수 있을 터였다. 그러나 실패하고 말았다.

관리위원회는 크게 두 가지 방안을 고민했었다. 하나는, 총국으로부터 건네받은 돈으로 직접 중국 등에서 곡물을 매입하는 길이다. 그런데 중국에서든 호주에서든, 그 돈으로는 개성공단 노동자들에게 건넬 소정의 물자를 매입하기가 실제로 불가능했다. 그래서 한국의 마트 체인점을 개성공단에 세우는 방안도 추진해봤다. 다음과 같은 경로다. 개성공단 노동자들의 임금을 관리위원회가 받아서 한국의 마트 체인점에 넘긴다. 마트 측은 뛰어난 물류 노하우를 동원해서 관련 곡물 등을 저렴하게 개성공단으로 조달한다. 그리고 월 150달러 정도로 사용액이 한정된 카드를 개성공단 노동자들에게 지급한다. 노동자들은 그 카드로 해당 마트의 개성공단 지점에서 생필품을 구입한다. 그러나 이 방법 역시 불가능한 것으로 판명되었다. 한국의 마트가 뛰어난 물류 능력을 갖고 있다 해도, 월 150달러의 적은 금액으로는 해당 노동자에게 지급해야 하는 만큼의 물자를 조달하기 힘들었던 것이다.

그렇다면 북측은 왜 임금직불에 반대했을까? 사실 남측 관리위원회는 북측에 임금직불을 끊임없이 요구했다. '개성공단의 관련 규정에도 임금직불이 명시되어 있는데 지키지 않는 이유가 뭐냐'고 추궁했다. 북측은 '사정 좀 이해해 달라. 우리도 그렇게 하고 싶지만 불가피하다. 지금은 그냥 넘어가고 상황이 더 발전하면 임금을 직불하도록 노력하겠다'라는 요지의 답변만 되풀이했다. 나름대로 타당한 이유도 있었다.

북한엔 외화를 자국 통화(조선원화)로 바꿀 수 있는 은행이 없다. 한국에서도 마찬가지지만, 달러를 국내에서 사용하려면 은행에 가서 원화로 환전해야 한다. 그런데 북엔 인민들이 이용할 수 있는 그런 은행 자체가 없다. 노동자들이 달러로 임금을 받아봤자 합법적으로는 지출할 방법이 없는 것이다.

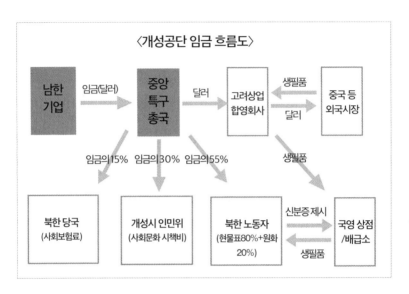

참고: 고려상업합영회사가 설명한 개성공단 임금지불 체계(조선일보, 2006년 11월 9일)

더욱이 북한의 공식 환율과 '암시장 환율'의 차이가 무려 80배 정도다.(4장 참조) 이런 상황에서 개성공단 노동자들에게 달러로 임금을 직불하면, 어떤 일이 벌어질까? 해당 노동자들이 암시장에서 달러를 조선원화로 바꿀 수 있다면 횡재할 것이다. 그러면 북한의 공식적 통화 시스템이 혼란에 빠지는 한편, 당국의 권위 역시 땅바닥으로 떨어질 것이다. 한국 역시 과거 경제개발기엔 비슷한 이유로 외환거래를 엄격하게 통제했던 경험이 있다.

그러나 임금직불이 이행되지 않는 문제는 개성공단 초기부터 지금까지 한국 내에서 끈질긴 분란의 불씨가 되어왔다. 그 돈이 북한 정부로 넘어가 핵무기 개발 등에 사용된다는 것이다. 박근혜 전 대통령이 개성공단을 폐쇄한 명분 중 하나이기도 했다. 폐쇄 직후 홍용표 당시 통일부 장관은, "(개성공단을 통해 유입된 자금이 북한 핵무기 개발에 사용됐다는 의혹에 대해—인용자 주) 여러 관련 자료를 갖고 있다"라고 말했다. 그러나 "해당 자료를 공개할 수 있느냐"라는 질문엔 "필요한 범위 내에서 나중에 검토, 조치하겠다"라고 입을 다물었다.

이해찬 더불어민주당 의원에 따르면, 폐쇄 시점까지 한국에서 개성공단으로 들어간 돈은 모두 5억4000만 달러다. 그런데 북한 역시 하나의 국가로 달러를 획득할 통로는 많다. 수출을 통해서만 매년 십수억 달러에서 수십억 달러 정도의 외환을 얻는다. 그러니 개성공단을 통해 들어간 돈만 찍어서 '북한 핵무기 개발에 사용되었다'라고 주장하는 데엔 무리가 있다. 더욱이 노동자들에게 지급할 생필품을 해외에서 구입하고 나면 남는 돈은 얼마 되지도 않았을 것이다.

북한에 사실상의 소유권이 등장하다

개성공단이 북한 핵개발의 자금줄이 되었다는 근거 없는 의혹을 제기하는 이들은, 정작 개성공단에서 사회주의 경제 시스템의 축이라고 할 수 있는 핵심적 제도들이 변경되었다는 사실은 보지 못했거나 의도적으로 무시했다. 대표적으로 '토지이용권' '강제집행권' 등이다.

폐쇄되기 전의 개성공단에서는 사실상 시장경제에 가까운 부동산 제도가 작동하고 있었다. 입주한 한국 기업들은 자사의 부지를 수십 년에 걸쳐 배타적으로 사용할 수 있는 권리(토지이용권)를 갖고 있었다. 그 위에 지은 건물은 해당 기업의 소유로 인정되었다.

북한이 '토지이용권'을 도입한 것은 1993년 10월 토지임대법을 제정하면서부터다. 외국인 투자를 받기 위한 법률적 근거를 마련했다고 할 수 있다. 외국인이 북한에 들어와 사업하려면 해당 부지에 대한 이용권이 보장되어야 할 것 아닌가. 하여 중국의 제도를 벤치마킹했으나, 법률 제정 이후에도 한동안 토지이용권의 의미와 작동 메커니즘을 깊게 이해하지는 못했던 것 같다. 개성공단 지역에 대한 측량을 해놓지 않고 있었다는 사실로도 미루어 짐작해볼 수 있다.

법률을 제정했다고 해서 그 제도가 작동하는 것은 아니다. 어떤 외국인 투자 기업이 북측으로부터 일정한 면적의 토지이용권을 획득했다 해도 측량이 안 돼서 지적도가 존재하지 않고 따라서 등기 자체도 불가능하다면? 지적도 없는 토지이용권 제도는, 무선 기지국이 깔려 있지 않은 상황에서 스마트폰을 결제 도구로 도입한 것과 마찬가지다. 해외 투자자 입장에서는 자신이 돈을 내고 확보한 권리(토지 임대)의 범위를 확실하게 지정할 수 없다면(=재산권이 보장되지 않는다면) 투자를 감행하기 어렵다.

이런 터라, 개성공단에서 비로소 북한의 토지임대법이 처음 시행될 수 있었다. 2007년 대한지적공사가 개성공업지구를 측량해서 그 결과에 따른 토지대장과 지적도를 작성했기 때문에 가능했다. 법률에 불과했던 토지임대법이 드디어 제 발로 서게 된 것이다. 북측은 개성공단 관련 실무를 통해 비로소 토지이용권 제도의 용도를 이해하고 경제개발에 활용할 수 있게 되었다. 그 파급 효과가 바로 지난 2009년 제정된 부동산관리법이다.

북한의 부동산관리법은 "부동산의 등록과 실사, 이용, 사용료 납부에서 제도와 질서를 엄격히" 세우는 것을 목표로 하고 있다. 개성공단 이전까지 북한에서 도외시해왔던 측량·지적도·등기 같은 개념이 드디어 법안에 등장한다.

국가는 부동산을 형태별, 용도별로 정확히 등록하고 정상적으로 실사하도록 해야 한다. (…) 토지의 등록은 토지등록대장과 지적도에 한다. 지적도엔 지목, 지번, 면적 같은 것을 정확히 표시하여야 한다. (…) 건물, 시설물의 등록은 건물등록대장과 시설물등록대장에 한다. 등록대장엔 건물 및 시설물의 이용자명, 이용면적, 건물 수명, 보수 주기 등을 정확히 기록해야 한다.

부동산관리법이 부동산 이용자의 범위에 기존의 기관·기업소·단체 이외에 '공민(일반 인민)'을 새롭게 포함시킨 것도 큰 변화다. 토지이용권의 대상이 외국인 투자자(1993년 토지임대법)에서 일반 인민까지 확대된 건 획기적인 일이었다. 이전엔 일반 인민이 합법적으로 이용할 수 있는 토지는 '개인터밭'밖에 없었다. 집 주변의 빈터 20~30평(개인터밭)에서 곡물을 경작하는 정도가 고작이었던 것이다. 그러나 부동산관리법의 제정에 따라, 적어도 이론적으로는 일반 인민도 건축·임대 등을 통한 수익 추구를 할 수 있게 됐다. 1990년대 이후의 시장경제 발전을 반영한 것으로 보인다. 제4장에서 확인했듯이, 현실에서는 돈주 같은 사실상의 민간 기업가들이 국가기관을 업고 사실상의 부동산개발업을 하고 있기 때문이다.

그러나 부동산관리법 역시 아직까지는 '문서상의 법률'에 그치고 있다. 본격 시행되려면, 전국 차원에서 측량은 물론 지적도의 작성이 먼저 이루어져야 한다. 또한 일반 인민들의 사기업 운영을 합법화하는 등 여러 관련 법률의 제·개정이 필요하다.

사실 부동산관리법 같은 파격적 제도가 본격적으로 시행되려면, 북한 당국이 이후 상당 기간 안정적으로 경제개발 정책을 펼칠 수 있다는 자신감을 가져야 한다. 그래야 만만치 않은 자원이 필요한 전국토 측량도 감행할 수 있을 것이다. 여기서는 일단 북한의 지배계층 역시 관련 법안을 제정할 정도로 체제 변화의 필요성을 절실히 느끼고 있다는 사실만 확인하는 정도로 넘어가도록 하자.

북한의 강제집행권 학습

1975년 베트남 공산화 직후 이른바 '도미노 이론'이 한국을 풍미한 적이 있다. 베트남의 공산화가 주변 지역인 동남아는 물론 한국까지 밀어닥칠 거라며 반공·방첩 태세를 강화하자고 했다. 그러나 사실은 시장경제야말로 강력한 도미노 효과를 갖고 있다. 하나의 시장 관련 제도를 도입하면 연이어 다른 시장 제도들까지 받아들여야 한다. 예컨대 사실상의 소유권인 '토지이용권'을 인정하면, '강제집행권'까지 시행할 수밖에 없다. 개성공단에서 실제로 그런 사례가 있었다. 다만 '시장 도미노'는 1970년대의 '도미노 이론'과 달리 남북 양측에 이롭다.

2000년대 말 어느 날, 개성공단 입주 기업이 한국의 다른 업체로부터 돈을 빌렸다가 상환하지 못하는 바람에 '토지이용권'을 압류당하는 사건이 발생했다. 강제집행권이 발동되었다. 강제집행권이란, 채권자가 채무자로부터 원리금을 돌려받지 못하는 경우 국가권력이 채무자의 재산에 강제력을 발동해서 채권자의 돈을 상환해주는 절차다. 물론 채무 미상환으로부터 벌어지는 각종 불쾌한 상황들은 결국 개인간의 분쟁이다. 국가권력이 개인간의 분쟁에 개입해서 강제집행권을 행사하는 이유는 시장경제의 원활한 작동을 위해서다. 남에게 돈을 빌려줬다가 받지 못할 위험이 크다면 누구도 빌려주지 않을 것이며, 이에 따라 시장경제 시스템 자체가 허물어질 것이기 때문이다. 즉, 강제집행권은 시장경제의 원활한 작동을 위한 기초적 제도 가운데 하나다.

당시 채무 기업의 토지이용권을 차압한(강제집행권을 행사한) 주체는 개성공단의 남측 대표인 관리위원회였다. 그러나 실제로는 한국 법원(판사와 집행관)이 권한을 행사했다. 한국 법원이 북한 영토인 개성공단 소재 기업의 '토지이용권'을 차압한 다음, 한국에서 경매에 내놓아 미상환 원리금을 회수해준 것이다. 한국 국가권력의 강제집행권이 '다른 나라' 영토에 적용된 희귀한 사례다.

북한엔 당연히 강제집행권이란 제도가 없었다. 부동산에 대한 개인의 소유권 자체가 인정되지 않으니, '내가 소유한 부동산'을 담보로 돈을 빌릴 수도 없다. 그러므로 빌린 돈을 갚지 못하는 상황 자체가 공식적 차원에서는 발생하지 않는다. 당시 북측은 입주 기업의 토지이용권이 한국 법원에 의해 차압당하는 과정을 굉장히 의심스러운 눈으로 바라봤다고 한다. 뭔가 나쁜 속셈이 있는 것 아니냐는 식이었다. 그러나 차츰 강제집행권이라는 것이 비즈니스에 반드시 필요한 장치임을 알게 된 것으로 보인다.

이후 북측 역시 강제집행권에 대해 열심히 학습한 듯하다. 심지어 지난 2013년엔 '나선특구에 대한 부동산 관련 규정'을 발표한다. 강제집행권을 담은 것은 물론 그 집행을 "(북측의―인용자 주) 재판소가 담당한다"라고 되어 있다. 사회주의 권력이 시장경제의 작동을 위한 제도를 적극적으로 인정한 것이다. 더욱이 나선특구는 북한과 중국의 협력사업이다. 개성공단에서는 북측의 협력상대인 한국의 법원이 사실상 강제집행권을 행사했다. 이런 공식을 적용해보면, 나선특구에서도 중국 법원에게 강제집행권을 양보했어야 한다. 그러나 북측 법원이 직접 그 일을 떠맡겠다고 규정한 것이다. 그만큼 관련 사법 제도에 대한 이해가 심화된 것으로 볼 수 있다. 2013년 이전엔 나선특구에 '돈을 빌려줬다가 못 받는 경우 어떻게 손실을 보전하는지'에 대한 특별한 규정이 없었다.

세금제도의 부활

개성공단 입주 기업들로부터 법인세를 징수한 것도 북한 당국으로서는 새로운 경험이었다.

북한은 공식적으로는 세금이 없는 나라다. 북한 헌법 제25조에는 "세금이 없어진 우리나라에서 늘어나는 사회의 물질적 부는 전적으

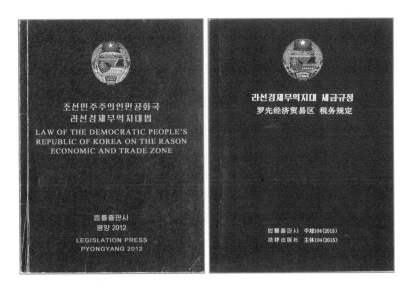

개성공단을 통해 부동산관리와 세금 관련 법제도를 학습한 북한은 이를 토대로 한 나선특구의 무역지대법과 세금규정집을 발표했다.

로 근로자들의 복리증진에 돌려진다"라고 적혀 있다. 심지어 "1974년 4월1일부터 노동자, 사무원들의 얼마 안 되는 소득세마저 완전히 철폐됨으로써 낡은 사회의 유물인 세금제도가 완전히 없어지게 되었다"는 게 『조선말 대사전』의 '세금' 항목 설명이다. 세금은 '낡은 사회(자본주의)의 유물'인 것이다.

최근엔 이름만 바꿔 '사실상의 세금'을 받고 있는 것으로 보인다. 예컨대 2002년 7·1경제관리개선 조치 이후 조성된 종합시장에서 장사하는 개인·기업소·협동단체들은 국가납부금(일종의 소득세) 및 시장사용료(일종의 임대료)를 내고 있다.

물론 법률 차원에서는 내국인에 대한 조세 관련 조항이 없다. 다만 외국인 투자를 받기로 하면서 지난 1993년에 '외국투자기업 및 외국인세금법'(2011년 12월에 개정)을 제정했다. 이 법안엔 외국투자기업 및 외국인에게 적용되는 기업소득세·개인소득세·재산세·상속세·거래세·영업세 등이 상세히 규정되어 있다.

그러나 실제로 북한에 투자하는 외국인 기업이 드물었기 때문인지, 법인세를 받아낼 수 있는 '무형의 인프라'가 형성되어 있지 않았다. 즉 개성공단 이전의 북한이라면, 설사 외국인 기업이 성공적인 실적을 거둬도 제대로 세금을 걷기 힘들었을 것이다. '회계 지식'이 없었기 때문이다.

회계제도는 국가별로 그리고 역사적 시기에 따라 조금씩 다르다. 기업을 둘러싸고 이루어지는 자금 흐름 가운데 어떤 부분을 수익이나 비용으로 간주하느냐에 따라 동일한 기업 활동에 대해서도 이윤의 크기를 각각 다르게 산정할 수 있다. 만약 어떤 기업의 순이익이 다른 나라들의 회계 시스템에서는 10만 달러로 평가되는데, 북한에서만 20만 달러로 평가된다면 외자유치가 더욱 어려워질 것이다. 기업소득세(법인세)는 순이익에 세율을 적용해서 결정되기 때문이다. 회계상 순이익이 높게 평가될수록 법인세 규모 역시 커지게 마련이다. 그러므로 외국인 투자 기업을 유치하려면, 국제적 기준에 맞춰 회계제도를 다듬어놓아야 한다.

그러나 북한에서 여지껏 국영 기업은 이윤 창출을 중심으로 운영돼오지 않았다. 국영 기업들은 국가납부금 형식으로 사실상의 세금을 냈는데, 그마저도 순이익을 산정해서 세율을 적용하는 방식은 아니었다. 그냥 일정한 금액을 미리 정해서 납부해온 탓에 회계제도 역시 발전하지 못했다.

북한에 회계 관련 법령이 실질적으로 마련되기 시작한 것은 개성공단 가동 직후인 2005년부터였다. 북측은 개성공단 가동 직전까지 세금 및 회계 문제를 간과하고 있었던 것으로 보인다. 심지어 2004년 말경엔 남측 관리위원회에 "우리는 잘 모르겠다. 당신들이 1~2년 정도 세금을 받아줄 수 없겠냐"고 요청하기도 했단다. 기업 회계를 모르니 세금을 징수할 수도 없었던 것이다. 당시 북측에서는, 입주 기업당 미리 세금 규모를 정해놓고 받아낸다는 생각도 했던 모양이다. 남북관계가 좋지 않을 때라면 정말 "기업당 얼마씩 납부하시오"로 갔을지도 모른다. 순이익이 발생하지 않더라도 말이다.

그러나 당시엔 남북간에 어느 정도 신뢰가 조성되어 있었고, 그래서 북측은 '한국 기업들이 활동하는 데 불편함이 없도록 회계제도와 세금제도를 정비해나가겠다. 우리가 인력을 양성할 수 있도록 도와달라'고 남측에 요청했다. 관리위원회는 이에 적극 부응해서 북측 회계 인력을 중국으로 세무회계 연수를 보냈다. 한국과 중국의 강사들이 모두 동원되었다.

관리위원회 관계자에 따르면, 당시 북측 연수생들은 회계는 물론 주식회사 같은 개념도 몰랐다. 당연히 시장경제체제의 '법인'이나 '유한책임' 같은 개념*도 낯설어했다. 그렇지만 이 관계자는 "당시의 회계 연수가 괄목할 만한 성과를 거뒀으며, 2000년대 후반부터는 북측

● '법인'은 문자 그대로 '법률적 인간'을 의미한다. 생물학적 생명이 없는 기업이라 하더라도 '법인'으로 설립되면, 인간 대접을 받는다. 예컨대 법인의 이름으로 돈을 빌릴 수 있고, 그에 대한 책임도 법인

내부에서 회계 인력을 자체 양성하는 데까지 발전했다"라고 말한다.

북한, 투명한 납세 시스템을 고민하다

점차 북측은 개성공단 입주 기업의 납세 상황을 면밀히 관찰하게 되었다. 탈세 가능성을 의심하게 된 것이다. 이 또한 발전이라면 발전이다. 더욱이 입주 기업들이 마음먹으면 실제로 탈세가 가능했다.

우선 개성공단의 법인세 제도부터 설명할 필요성이 있겠다. 개성공단 입주 기업의 오너는 남측 사람들이다. 이들이 북의 영토인 개성공단에 별도의 회사를 만들고 북측 노동자들을 고용해서 생산한다. 그리고 그 제품들을 남측의 모기업에 팔아(형식상 다른 회사이므로 남쪽의 모기업에게 판매하고 돈을 받는 것이다) 이윤을 얻는다. 입주 기업들은 이렇게 얻은 순이익 가운데 일부를 북측에 기업소득세로 낸다. 이는 달러로 납부한다.

기업소득세는 한국의 법인세에 해당된다. 세율은 결산이윤(한국의 순이익에 해당)의 14%로 한국의 같은 규모 기업에 비해 매우 낮은 편이다.(한국의 경우, 순이익 2억 원 이하는 10%, 2억~200억 원은 20%, 200억 원 이상은 22%) 기업소득에 대한 감면제도도 꽤 후했다. 북한 당국이 권장하는 생산적 업종에 투자한 기업에 대해서는 이윤이 발생하는 해부터 5년간 기업소득세를 면제해준다. 이후에도 3년에 걸쳐 기업

이 진다. 물론 '주식회사 법인'의 경우엔, 소유자들이 있다. 주주들이다. 주주들이 법인을 소유하고 경영자도 뽑는다. 그런데 법인이 빚만 잔뜩 지고 파산한다고 가정하자. 주주의 주식은 쓰레기가 된다. 그러나 '법률적 인간'인 법인이 자기 명의로 빌린 돈에 대해서는, 주주들이 갚을 필요가 없다. 어디까지나 법인의 책임이다. 그래서 주주는 주식회사 법인에 대해 '유한책임'만 진다고 할 수 있다.

소득세의 50%를 덜어준다.

그런데 여기서 복잡한 문제가 발생한다. 개성공단 입주 기업이 한국의 모기업과 짜고 북한 당국에 세금을 적게 내는 방향으로 거래 방법을 설계할 수 있기 때문이다. 개성공단 입주 기업은 남측의 모기업으로부터 재료를 받아서 가공한 다음 다시 모기업에 납품한다. 그 대가로 받는 임가공비가 주된 수입이다. 그런데 이 임가공비를 조작해 북한에 낼 세금을 줄일 수가 있다.

예컨대 모기업이 한국 내에서 한 벌당 10만 원에 판매하는 의류가 있다고 가정하자. 모기업은 개성공단의 자회사에게 옷감과 디자인을 보내 해당 의류를 제작한다. 옷감과 디자인에 들어가는 비용은 5만 원 정도다. 임가공비로는 2만 원을 지급한다.(실제로는 달러로 주지만 편의상 '원' 단위로 설명한다.) 법적으로는 모기업과 자회사 모두 독립법인이므로 두 회사 간에 오가는 물품과 돈은 모두 '거래'다. 즉, 모기업은 개성공단 입주 기업에 원·부자재(옷감과 디자인)를 5만 원으로 파는 것이다. 자회사인 입주 기업은 원·부자재 비용(5만 원)에 임가공비 2만 원을 합쳐 7만 원을 받고 완성품을 모기업에 판매한다. 모기업이 이 의류를 한국에서 10만 원에 팔면 한 벌당 3만 원의 수익을 얻는다. 개성공단 입주 기업은, 의류 한 벌당 임가공비로 받은 수익 2만 원에서 15%의 기업소득세를 내게 된다.

그러나 사실 모기업과 자회사는 한 울타리 안에 있는 이익공동체다. 관계없는 기업들 사이라면 임가공 비용을 임의로 높이거나 내릴 수 없다. 그러나 모기업과 자회사라면 임가공 비용을 조작할 수 있다. 이를테면, 모기업이 자회사와 짜고 임가공비를 2만 원에서 1만 원으로 내리는 것이다. 모기업의 수익은 4만 원으로 늘어난다. 그러나 개성공단 입주 기업의 수익은 1만 원으로 줄어들고, 이에 따라 북한 당국이 걷는 세금 역시 반토막 나게 된다.

한국의 모기업이 이런 방법으로 탈세를 꾀할 동기는 충분하다. 왜냐하면 모기업의 수익을 높이면 재무 상태의 개선으로 한국 금융시장에서 큰 혜택(주가상승, 금리인하 등)을 누릴 수 있기 때문이다. 또한 개성공단의 자회사에겐 달러로 임가공비를 지급해야 한다. 모기업이 달러를 많이 보유하고 있어야 한다는 의미다. 그런데 기업으로서는 '달러 보유' 자체가 리스크다. 만만치 않은 환전 수수료가 드는 데다 환율 변동의 리스크도 감당해야 한다. 모기업으로서는 개성공단의 자회사에 가급적 적은 임가공비를 지급해야 할 이유가 있는 것이다.

그러나 한국 내 모기업의 사정이 어떻든 북측으로서는 자국 내에 축적되어야 할 자금이 밖으로 빠져나가는 것이라고 해석할 수밖에 없다. 북측으로서는 용납할 수 없는 일이다. 이에 따라 북측은 입주 기업들의 임가공 단가에 신경을 곤두세웠다. 심지어 북측이 일방적으로 특정 기업의 임가공 단가를 계산한 뒤 이를 기준으로 기업소득세를 부과하겠다는 제안까지 내놓기도 했다.

북한은 한국 기업들의 이중장부 가능성도 우려했다. 한국의 모기업과 개성공단의 자회사가 작당해서 임가공 단가를 허위 신고하는 경우다. 예컨대 실제 임가공 단가는 2만 원인데, 입주 기업은 1만 원만 받았다고 북한 당국에 신고하는 방법으로 세금을 낮추는 식이다.

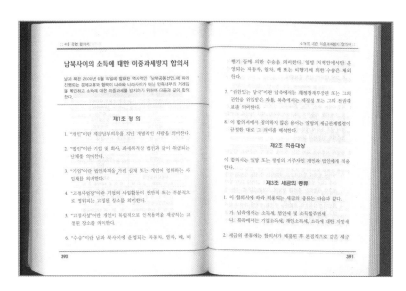

2016년 초 개성공단 폐쇄 후 입주기업들의 재산보장 및 회계제도 미비를 탓하는 보도들이 줄을 이었다. 그러나 「개성공업지구 법규·사업준칙집」에 나와 있듯 그런 제도들의 상당수가 이미 마련됐거나 준비되고 있었다. 그 시행을 막은 것은 이명박정부 이후 강경일변도의 대북정책과 긴장관계였다.

또한 모기업이 입주 기업에 3만 원의 임가공 단가를 지급했다고 한국 세무 당국에 신고하는 방식도 있다. 이에 따라 모기업의 수익이 한 벌당 3만 원에서 2만 원으로 줄어들면서 납세 규모 역시 감소한다.

　이에 대한 북한의 의심을 해소하려면 방법은 간단하다. 한국과 북한의 세무 당국이 해당 기업(모기업과 자회사)의 납세 정보를 교환하는 것이다. 북한 세무서는 입주 기업의 임가공 단가를 1만 원으로 신고받았는데, 한국 국세청에는 3만 원을 지급한 것으로 되어 있으니, '이중장부' 여부를 바로 밝힐 수 있다.

　실제로 남북이 체결한 「남북 사이의 소득에 대한 이중과세방지 합의서」에도 세무 당국간 정보교환이 규정되어 있었다. 2007년쯤엔 양측의 세무 당국이 관련 제도를 정비해서 곧이어 시행할 예정이었다. 그러나 이명박정부가 집권한 이후 남북 사이에 적대적 분위기가 감돌면서 이런 소치들이 수포로 돌아가고 말았다.

기본적으로는 한국 정부가 북측이 안심할 만한 납세 시스템을 만들어줘야 했다. 북측이 세무·회계 시스템을 깊이 이해하지 못하는 상황이라면, 한국 측이 주도적으로 개성공단에서 발생한 이익이 한국으로 과도하게 넘어오지 않도록 하는 장치들을 설계할 수 있었다. 그러나 이런 수준까지는 남북관계가 발전하지 못했다.

행정소송 제도의 필요성

의심하고자 들면 사실 끝이 없다. 실제로 북측이 입주 기업들의 탈세 가능성을 우려하다 보니 일부 업체에 대해선 과도한 법인세를 납부하라고 통지하는 일도 있었다. 입주 기업의 건물 가운데 일부를 불법 건축이라며 철거하라고 명령하기도 했다. 기업들로서는 일단 남측 관리위원회에 불평을 털어놓을 수밖에 없었다. 북의 막무가내 행정으로 부당하게 손해를 본다는 입장이었다. 그러나 북의 영토인 개성공단에서는 뾰족한 대처 방안이 없었다. 한국에서였다면 행정소송이라도 냈겠지만 말이다.

행정소송은, 국가의 통치행위로 자신의 정당한 권리를 침해당했다고 느끼는 시민이 국가를 상대를 제기하는 소송이다. 행정소송제도는 역사적으로도 의의가 크다. 왕의 부당한 통치행위에 대해 시민이 합법적으로 이의를 제기할 수 있는 제도이기 때문이다. 심지어 행정소송제도의 탄생을 기점으로, 신민臣民이 시민市民으로 전환되었다고 할 정도다.

전통적 사회주의에서는 행정소송 같은 제도가 존재하기 힘들었다. 공산당이 사실상 '무오류의 집단'으로 가정되기 때문에, 당과 국가가 인민에게 피해를 줄 수 있다는 가능성이 조금도 고려되지 않는 것이다. 중국의 경우엔 행정소송이 '실용적 이유' 때문에 도입되었다. 외국자본 유치를 축으로 급속한 경제발전을 이뤄왔는데, 외국인 기업가들이 중국 당국의 비즈니스 관련 행정에 제기하는 이의를 그냥 묵살하고 넘어갈 수 없었던 것이다. 거꾸로 말하면 행정소송 제도가 없어서 부당한 경제적 피해를 입어도 구제받을 수 없는 국가라면, 외국인 투자자들 역시 투자를 꺼릴 수밖에 없다.

개성공단의 경우, 입주 기업들과 남측 관리위원회가 북측에 꾸준히 행정소송제의 필요성을 제기했으나 끝내 관철시키지 못했다. 그러나 북측의 개성공단 경험이 다른 지역에서 결실을 맺기 시작한 것으로 보인다. 2011년에 제정된 나선경제무역지대법 83조에 '행정소송'이란 용어가 들어간 것이다. 북한의 사회주의 법률에 행정소송 관련 조항이 들어갔다는 것 자체가 엄청난 사건이다. 이렇게 개성공단의 경험이 나선특구로 이어져 축적되고 있으며, 이런 현상이 확산되면 중국이 그랬듯 전체 경제특구를 거쳐 서서히 북한 전역으로 확대되는 경로를 밟게 될지도 모른다.

지금까지 봤듯이, 개성공단은 '핵개발 자금 공급에 활용된 종북

음모'의 근거지가 아니라 '북한 변화의 씨앗' 노릇을 해왔다. 북한이 1990년대 초반에 도입한 토지이용권 제도를 개성공단에서 시행해본 이후 부동산관리법으로 확대한 것이 대표적 사례다. 노무·회계·세금·행정소송 등의 친시장적 제도들이 북한의 다른 특구로 이식되기까지 했다.

이런 시장제도 확산의 패턴은, 특구 이외의 북한 내륙에서 '밑으로부터의 시장경제 발전'이 반非합법적으로 이루어지고 있다는 사실을 감안하면, 더욱 중대한 의미를 갖는다. 북한 당국이 특구는 물론 전국 차원에서 감행할 법제도 변경의 모델을 특구에서 창출할 수 있다는 의미이기 때문이다. 북한은 일단 특구에서 여러 제도를 실험해본 다음 성공적인 것들을 선별해서 내륙에 도입할 수 있을 것이다.

이제 한국은 이런 상황을 그냥 넋 놓고 바라보기만 할 것인가. 물론 한국 정부가 북한의 법과 제도를 만드는 데 직접적으로 개입할 수는 없다. 그러나 북한의 특구 개발을 적극적으로 지원하는 방법으로 북한의 안정적인 체제 개선을 견인해갈 수 있다. 간략히 표현하자면, '경제특구를 통한 북한의 시장화와 법제 발전 지원' 전략이다. 개성공단이 그 모범적 사례 아닌가.

개성공단을 시작할 때 북한은 이러한 사업을 벌여나갈 때 어떤 법제도가 필요한지 아무런 생각이 없었다. 그렇지만 현실의 문제들과 맞닥뜨리며 등기제도를 시작으로 다양한 법제도를 도입하게 되었다. 회계, 세금, 부동산 소유권 등이 법적으로 규정되었다. 계약이행에 관한 법과 행정소송제도의 필요성도 제기되었지만 거기까지 발전하지는 못한 채 개성공단사업은 중단되었다. 그러나 앞으로 우리가 북한의 경제특구 사업에 적극 참여하여 북한이 다양한 제도와 정책을 실험하고 발전시킬 수 있도록 지원해야 한다는 건 매우 합리적인 결론인 것이다.

제6장

북한 변화의 중심지,
나선

———

한국인들에겐 낯설게 들리겠지만,

북한에는 외국인이 세운 대형 쇼핑센터들이 성황리에 운영되는 도시가 있다. 시장에서는 트럭·태양전지·전기자전거 등의 비싼 상품들이 날개 돋힌 듯 팔려 나가고, 거리엔 북한 인민들과 외국인들이 왁자지껄하게 지나다닌다. 심지어 이 도시에서는 주택이 '합법적'으로 거래된다. 물론 북의 다른 지역에서도 주택이 공공연히 사고팔린다. 그러나 여타 도시의 주택거래는 아직 불법인 상태다.

이 도시의 행정상 이름은 '나선특별시'다. 함경북도에서도 동북면 끄트머리에 위치한다. 시베리아 벌판 쪽으로 뻗어나가는 한반도 동북부 지역이 두만강에 막혀 잠시 한숨을 돌리는 바로 그 지점이다. 백두산에서 흘러나온 두만강이 동해로 빠져나가기 직전에 지나가는 도시다. 한반도를 토끼로 표현한 지도라면 왼쪽 귀의 끄트머리. 중국을 바라보며 포효하는 호랑이로 한반도 형상을 떠올리는 분이라면 시베리아 쪽으로 내민 오른 앞발의 발톱 끝을 연상하시면 된다. 나선시의 두만강변에 서서 북쪽을 바라보면, 강 건너편의 왼쪽은 중국이고 오른쪽은 러시아 영토다. 3국(북한-중국-러시아)의 접경지대라는 이야기다.

나선시의 동쪽으로는 광활한 동해 바다가 펼쳐져 있다. 예로부터 중국 동북3성(랴오닝-지린-헤이룽장)과 몽골, 러시아의 연해주·시베리아 등을 포괄하는 유라시아 대륙의 광대한 동북부 지역에서, 한반도 북부의 동해는 해양으로 진출할 수 있는 귀중한 통로였다. 사시사철 얼어붙지 않기 때문이다. 나선에서 북쪽으로 해안선을 타고 수십 *km*만 러시아 연해로 올라가도, 겨울철엔 바다가 얼어붙는다. 과거에는 한반도 북부와 만주 일대에 자리 잡은 고구려·발해 등이 지금의 나선 지역에서 바다로 나가 신라나 현해탄 너머의 일본과 교류했다.

해상 교통이 발달한 오늘날의 동해는 더욱 아득한 세계로 이어진다. 유라시아 북동부 지역의 인력과 물자가 동해로 나간 뒤 한반도와 일본 사이의 바다로 빠져나가면 드넓은 동중국해와 남중국해로 이어진다. 상하이·샤먼·홍콩·마카오 같은 중국 남부의 번영하는 산업·금융 도시에 이르는 '바다의 길'이다. 중국 동북3성에서 육로로 남부의 연안 도시까지 가려면 훨씬 오랜 시간 동안 험난한 산과 골짜기, 그리고 강을 넘어야 한다.

나선시엔 만灣이 발달한 천혜의 항구들이 있다. 나진항·웅기항(현재의 선봉) 등이다. 물론 겨울철에도 앞바다가 얼지 않는 부동항이다. 더욱이 만의 들어가고 나온 형태가 뚜렷해서 비교적 잔잔한 수면이

北·中, 훈춘-나선 철도 연내 착공 합의

'황금평 개발 양해문' 체결

중국 훈춘(琿春)과 북한 나선을 연결하는 철도가 연내 착공될 것으로 알려졌다. 중국을 방문중인 장성택 국방위원회 부위원장은 15일 창춘(長春)에서 쑨정차이(孫政才)당 서기, 왕루린(王儒林) 성장 등 지린(吉林)성 지도부와 만나 이같은 방안을 논의한 것으로 전해졌다.

중국은 현재 훈춘-나선간 도로 확장 및 개보수 공사를 진행 중이다. 철도까지 개통되면 대륙의 물자를 나선항으로 실어나르는 물류비용을 크게 줄일 수 있게 돼 나선항 개발작업에 속도가 붙을 전망이다.

훈춘~나선(나진·선봉) 연결 철도 노선

위해 개발에 적극성을 보여왔다. 지린성은 북한의 나진·선봉(나선)과 연계해 창춘-지린-투먼(圖們)을 연결하는 발전 방안인 이른바 '창지투(長吉

것으로 전문가들은 보고 있다.

한편 북한 조선중앙통신은 이날 중국 베이징에서 전날 열린 '황금평·위화도, 나선지구 공공개발을 위한 제3차 조중공동지도위원회' 내용을 공개했다. 통신은 장성택 북한 국방위원회 부위원장과 천더밍 중국 상무부장 등 양측 대표단이 "황금평·위화도, 나선 경제지대에 유리한 투자환경을 마련하기 위해 일련의 문제들을 합의했다"고 보도했다.

북한은 전날 중국이 언급하지 않았던 '황금평경제구 기초시설건설 공정설계에 관한 양해문' 등이 조인됐다고 발표했다. 또 "위화도지구 개발에 빨리 착수해 황금평, 위화도경

나선은 북·중·러 3국의 접경에 위치한 데다 오른쪽으로는 동해를 끼고 있는 천혜의 물류 요충지로, 중국과 러시아가 앞다퉈 진출하고 있다.(한국경제, 2012년 8월 16일)

유지된다. 대륙의 거대 국가들이 북한 나선 지역과의 연결을 갈구하는 이유다.

중국은 러시아와 북한에 가로막혀 동해 쪽으로 진출할 항구를 아예 보유하지 못했다. 러시아는 좀 다르다. 나선시 북쪽의 러시아 영토인 연해주 지역엔 블라디보스토크 등 여러 항구들이 있다. 다만 겨울엔 앞바다가 동결되는 날이 많다. 쇄빙선으로 얼어붙은 바다를 부수면서 빠져나가야 한다. 더욱이 블라디보스토크항은 연해주·시베리아 지역의 물동량이 몰려 이미 포화 상태다.

북·중·러 3국이 맞닿아 있는 나선은 지리적·경제적인 가치가 매

우 높으며, 한국과 북한만이 관여했던 개성공단과 달리 중국과 러시아도 참여하기에 사업의 안정성이 더 높다. 예컨대 나선특구에서라면 하루아침에 개성공단을 닫는 식으로 사업을 접을 수는 없을 것이다. 또한 북한은 개성공단에서의 실험과 시행착오를 참고해서 나선특구에 이미 세금·회계·부동산·분쟁해결 등에 대한 여러 법제도를 만들어놓았다. 이렇게 나선특구는 상하이와 같은 중국의 경제특구들처럼 북한이 시장 제도를 실험하고 발전시킬 중요한 무대가 될 수 있다.

나진항과 선봉군

나선특별시는 나진시와 선봉군으로 구성되어 있다. 나진을 근대적 항구로 개발한 것은 일제강점기의 일본이다. 1930년대 초반에 완공된 나진항은 일제에게 대륙 침략의 전초기지로 활용되었다. 일본에서 바다로 부산에 상륙한 뒤 도로 및 철도를 통해 대륙까지 이동하기보다, 쓰루가항이나 니이카타항에서 배를 타고 나선항에 이르는 쪽이 비용으로나 시간으로나 훨씬 효율적이었다. 민간 부문의 정기선도 나선과 일본을 왕복했다. 나진항은 연해주의 소련군을 견제하기 위한 일제의 군사기지 역할도 맡았다.

나진항에서 북동쪽으로 15km 정도 가면 선봉군이 있다. 이전의 지명은 '웅기'였다. 1945년 8월 초, 소련군이 일본군을 소탕하기 위해 한반도로 진입하기 직전 김일성의 조선인민혁명군 선봉대가 먼저 봉기해서 수복한 지역이라고 한다. 그래서 지명을 '선봉'으로 바꿨다.

'나선'은, 나진과 선봉의 앞 글자를 각각 따서 만든 지명이다.

그러나 1948년 조선인민민주주의공화국이 건국된 이후, 나선은 오히려 낙후 지역으로 전락했다. 마오쩌둥 시절, 소련이 중국 남부 지역에 물자를 수송할 때 잠시 정박하는 무역항으로 활용된 적은 있다. 그러나 북한 체제는 자립경제(나쁘게 말하면 폐쇄경제)를 지향하는 만큼 수출이나 수입의 비중이 크지 않았다. 무역항으로서 나선 지역의 잠재력이 발휘될 수 없었던 것이다. 두만강 맞은편의 중국 동북3성과 러시아 연해주도 낙후된 상태를 면하지 못했다. 3국(북한-중국-러시아)의 중심지에서 볼 때, 두만강 하류 지역은 머나먼 변방일 뿐이었다.

그러다 지난 1991년, 이 낙후된 접경지대가 갑자기 세계적으로 주목받기 시작했다. 그해 유엔개발계획UNDP은, 북·중·러의 접경지역인 두만강 하류 일대를 관광·무역·제조업·해운수송업 등의 지역 허브로 개발해서 동북아 지역 경제협력의 발판으로 삼자고 제안했다. 이른바 '두만강개발계획'이다. 당사자인 북·중·러 뿐 아니라 한국·몽골 등 주변국들까지 참여할 수 있는 다국적 협력 개발 모델이었다.

UNDP는 저개발국의 경제·사회적 발전을 지원하는 국제기구다. 개발도상국의 소득 향상이나 정치 민주화, 환경 등 경제·사회 부문의 총체적 발전을 위한 프로그램을 만들고 제안한다. 국제기구로서의 권위 덕분에 자금 조달이나 기술 지원 등을 조직할 수 있다. 다만 UNDP가 어떤 제안을 하더라도, 관련 국가들이 이를 반드시 따라야 하는 것은 아니다. 가볍게 무시해버릴 수도 있다.

그러나 당시는 세계적인 체제변환기였다. 1980년대 말에서 1990년대 초 사이 소련과 동독을 비롯한 거의 모든 기존 사회주의 국가들이 갑작스레 붕괴해버렸다. 중국은 1980년대부터 이미 '주자파'의 길로 착실히 전진하고 있었다. 더욱이 중국은 경제발전의 주된 동력으로 외국자본 유치를 채택했다. 마침 한국 역시 1987년 민주혁명 이후 북한 및 기존 사회주의권에 대한 접근법을 반공일변도에서 교류·협력 쪽으로 바꿔나가고 있었다. 국제사회의 외톨이로 전락한 북한은 서서히 '고난의 행군'길로 접어드는 중이었다. '사회주의 형제국가'들과의 국제 분업이 파탄난 상황에서, 북한 역시 자본주의 국가들의 자금이라도 끌어들여 경제발전을 재개할 필요성이 절실했다. 이런 측면에서 UNDP의 두만강개발계획은 동·서 냉전의 종료를 비공식적으로나마 선언하는 것으로, 나름대로의 설득력을 발휘했다.

북한이 1991년 말 나진시와 선봉군을 묶어 '나진선봉자유경제무역지대'로 지정한 것 역시 어느 정도 두만강개발계획에 고무받았기 때문일 터이다. 2년 뒤인 1993년엔, 두 지역을 '나진선봉시'라는 하나의 행정구역으로 묶었다. 중국처럼 경제특구 중심의 경제개발 노선을 개시하려 했던 것이다. 중국의 개혁·개방이 전국적 차원에서 실현된 것은 2001년의 WTO 가입 때부터라고 할 수 있는데, 개혁·개방 선언(1978년)으로부터 23년 뒤다. 그러나 1990년대 당시만 해도 두만강개발계획이라는 거대한 구상을 실천으로 옮길 만한 힘이 관련국에 충분하지 않았다. 북한엔 엎친 데 덮친 격으로 사회주의권 몰락 이후 자연재해까지 겹치면서 식량난까지 발생했다. 1994년 7월엔 김일성이 사망했다. 러시아 역시 사회주의에서 시장경제로의 체제변동이 막 시작된 시기였다. 중국은 급격한 경제성장을 실현하고 있었으나, 북한과 러시아의 협력 없이 거대한 국제협력 프로젝트에 뛰어들기는 힘들었다.

두만강개발계획이 다시 동력을 얻게 된 것은 2000년대 중반 이후였다. 중국과 러시아의 경제 시스템이 어느 정도 정상적으로 가동되기 시작하면서, 두만강 하류 지역의 정치·경제적 잠재력에 주목하게 된 것이다. 궁지에 몰린 북한은 체제 수호 차원에서 핵개발을 가속화하고는 있었으나 경제건설까지 병행한다는 입장이었다. 때문에 나선 지역에 무심할 수 없었다. 2005년, UNDP 주최로 열린 국제회의에서 당초 프로젝트를 확대한 광역두만강개발계획GTI, Greater Tumen Initiative이 제출된다. 사업대상 지역을 북한 나선-중국 동북3성(랴오닝성·지린성·헤이룽장성)-러시아 연해주는 물론 한국 동해안 지역과 몽골 동부로까지 크게 확대했다.

중국과 러시아는 왜 나선특구에 주목하는가

중국과 러시아 양대 대국은 2000년대 중반부터 동북아시아의 변경으로 눈길을 돌리기 시작한다. 러시아는 연해주 개발에 들어갔다. 중국은 2009년 이른바 '창지투 개발개방선도구' 계획을 발표한다. 지린성의 '창'춘長春시, 지린성의 '지'린吉林시, 연변자치주의 '투'먼圖們을 연계시켜 동북3성을 물류 및 공업 전진기지로 발전시키는 프로젝트다. 이 프로젝트의 허브는 연변자치주의 중심도시인 훈춘琿春이다. 훈춘은 특히, 북·중·러 간의 경제협력이 이뤄지는 국제도시로 설계되었다. 여기서 창춘·지린·투먼·훈춘 등은 북한 국경에서 다리나 철교로 두만강만 넘으면 닿는 지역이다.(이 지명들은 앞으로 반복해서 등장하므로 기억해두시면 좋겠다.)

어느 나라나 그렇지만, 중국과 러시아의 변경 개발에서 가장 중요한 프로그램은 도로·철도 등 거점도시 간의 물류망을 뚫는 것이다. 그러나 중국과 러시아 양국이 자국의 변경지대에 아무리 촘촘하게 도로·철도를 깔고, 이런 연결망 덕분에 거점도시들을 순조롭게 개발한다 해도, 치명적으로 부족한 부분이 있다. '발전된 변경'에서 생산된 물자를 외부로 내보낼 수 없다는 점이다. 두 대국이 경쟁적으로 북한의 나선시로 가는 통로를 만들기 위해 노력해온 이유다.

중국이 좀 더 절박하다. 그나마 러시아 연해주엔 항구들이 존재한다. 겨울철엔 쇄빙선을 동원해서 얼어붙은 앞바다를 헤쳐 나가야 동해로 도달할 수 있지만 말이다. 그러나 중국이 동해로 이르는 길은 북한과 러시아의 국경으로 막혀 있다. 물론 동북3성에서 서쪽으로 달리고 또 달리면, 랴오닝 반도 끝자락의 다롄大連항을 통해 한반도 서해 쪽으로 물자를 빼낼 수 있다. 그러나 창지투의 중심도시인 훈춘에서 다롄까지의 거리는 무려 800km(직선거리)에 달한다. 나진항까지는 불과 70km다. 물론 중국이 러시아 연해주의 블라디보스토크나 자루비노 같은 항구를 빌릴 수도 있겠다. 그렇지만 연해주 항구들은 겨울철 이용이 힘들거나 수심이 얕으며(거대한 화물선이 드나들기 힘들

북·중·러 접경지(중국 용호각)에 설치된 3국의 국기 조형물. 위 사진에서 볼 때 2시 방향에 위치한 나선은 중국과 러시아에게 더없이 매력적인 물류의 전초다.

다), 이미 너무 많은 물류를 부담하고 있다. 더욱이 러시아는 자국 항구에 대한 중국의 관심을 그리 기꺼워하지 않는다. 아무래도 중국으로서는 한국전쟁 당시 미국에 맞서 함께 싸운 혈맹인 북한의 나선 지역이 가장 만만하다.

그래서 중국은 자국의 변경 도시에서 나진항으로 이어지는 육로를 이미 만들어놓았다. 우선 창지투의 중심도시인 훈춘에서 나진으로 들어가는 직통 도로가 있다. 또한 북한 함경북도의 두만강 접경 마을인 원정리에서 나진으로 가는 50km 도로(나선-원정 도로)를 중국의 자금으로 정비했다. 비포장 2차선 도로에 아스팔트를 깔아놓았는데, 4차선으로 확대할 계획인 것으로 알려졌다. 원정리에서 다리(두만강대교) 하나만 건너면 중국의 세관도시인 취안허圈河다.

한편 러시아는 어떨까? 러시아 영토의 상당 부분은 북극권에 가깝다. 역사적으로 부동항을 얻지 못해서 군사나 대외무역 측면에서 막대한 차질을 빚었다. 그래서 부동항을 갈구해왔다. 러시아가 제국 시절부터 벌인 모든 전쟁은 부동항을 얻기 위한 역사였다고 해도 지나치지 않을 정도다. 나진항에 관심이 많을 수밖에 없다. 예컨대 시베리아와 사할린의 원유를 철로로 나진항까지 가져간 다음 동해를 통해 수출할 수 있다. 러시아에게 나진항은, 화물 포화상태인 블라디보스토크항을 대체할 수 있는 수단이기도 하다. 더욱이 두만강 하류 지역에서 중국의 영향력을 견제할 필요도 있다. 러시아는 중국의 동진東進을 극도로 경계한다. 그럴만한 충분한 이유가 있다. 블라디보스토크를 주도로 하는 연해주 지역은 과거에 청나라 영토였다가 19세기 말 알렉산드르 2세 당시에 러시아로 합병되었다. 러시아는 그때부터 비로소 한반도의 국가와 15km 남짓한 짧은 국경을 마주하게 되었던 것이다.

더욱이 러시아 수도인 모스크바는 유럽 쪽으로 치우쳐 있다. 19세기 말에 시베리아횡단철도TSR을 급하게 건설한 이유 중 하나는, 중국에 대한 견제였다. 모스크바에서 시베리아횡단철도에 오르면, 노보시비르시키-이르쿠츠크-하바로프스크-우수리스크 등 혹한의 시베리아 지역을 통과한 뒤 블라디보스토크를 거쳐 한반도에 인접한 하산Khasan에 이른다. 시베리아횡단철도는 총길이 9288km인 세계에서 가장 긴 철도다. 적도를 기준으로 지구의 둘레를 측정하면 4만km 정도인데, 그 1/4에 이르는 길이다. 급행열차로 횡단하면 7일 거리다. 수도 모스크바를 중심으로 밀집된 국력을 변방인 연해주까지 그만큼 빨리 이동시킬 수 있다는 의미다. 극동의 종착역인 하산은 북·러 국경에 접한 교통도시다. 하산에서 나진항까지는 직선거리로 30km에 불과하다.

러시아는 지난 2013년, 하산과 나선의 두만강역 사이에 54km 구간의 철로를 개통했다. 이미 사용중이다. 두 지역 간엔 일제강점기 시절에 놓인 철도가 있었지만, 그동안 사용되지 않아 유명무실해진 것을 이번에 새로 연결시켰다. 러시아는 나진과 하산을 잇는 도로도 건설할 계획이다.

북한은 양 대국의 이런 사정을 속속들이 알고 있다. 그래서 나진에 관한 한 중국과 러시아 사이에서 등거리 외교를 견지해왔다. 중국은 북한이 튕길 때마다 연해주의 다른 항구(예컨대 자루비노)를 사용할 수 있다고 윽박지른다. 그러나 북한은 러시아가 중국의 요청을 쉽사리 수용하지 않으리라는 것까지 꿰뚫고 있다.

북한은 나선의 지리적 이점을 경제적으로나 국제정치적으로나 극대화하고 싶어 한다. 나진항의 경우, 양국에 공평하게(?) 사용권을 제공했다. 더욱이 나선은 고작 북·중·러 접경지대의 운명을 결정할 정도의 사소한 지역이 아니다. 글로벌 차원에서 이뤄지는 거대한 물류의 흐름을 통째로 바꿔버릴 수 있는 변혁의 고리를 나선이 틀어쥐고 있다.

철의 실크로드와 소외된 한국

나선, 그리고 북한은 이른바 '철의 실크로드'의 공백 지역이다. 러시아는 이미 1990년대부터 한국의 서울에서 북한 내륙을 관통한 뒤 나선시의 두만강역으로 이어지는 철로가 개통되기를 기다려왔다. 두만강역에서 이미 완성되어 있는 철도로 러시아 하산역에 도달하면, 그 다음부터는 시베리아횡단철도를 타게 된다. 시베리아를 경유해 모스크바로 치달으며, 다시 철로를 통해 서유럽 깊숙이 들어갈 수 있다.

한국의 부산에서 출발한 기차가 서울역에 멈춰 서지 않고 거침없이 이 휴전선을 돌파한 뒤 개성-원산-평양-함흥-청진을 거쳐 나선역까지 닿게 된다면? 단지 한반도 내부의 길이 열리는 정도가 아니다. 한국은 물론 일본과 미국을 비롯한 선진자본주의국의 물자와 돈이 한반도를 다리로 삼아 시베리아를 경유한 뒤 유럽까지 도달하게 되는 것이다. 러시아와 주변국들은 부산과 일본의 후쿠오카, 도쿄 등을 교량이나 해저로 잇는 철로까지 구상해왔다. 그야말로 '철로 만든 비단의 길'이다.

그러므로 철의 실크로드는 '새로운 자본의 길'이 개통된다는 의미기도 하다. 얼어붙은 동해 및 북극해로 닫혀 있던 러시아 연해주와 시베리아가 역사적 고립에서 해방되어 드디어 세계를 향해 활짝 열리는 것이다. 러시아는 엄청난 관광 수요와 더불어 전산업에 걸친 비약적 호황을 기대할 수 있다. 철로와 함께 석유·가스관도 한국과 일본으로 뻗어나갈 것이다. 러시아는 이미 유럽으로 가스관을 통해 에너지를 수출하고 있다. 시베리아의 유전 개발에 한국·일본 등의 투자도 이루어질 것이다. 이와 연결시켜서 블라디보스토크를 동북아시아의 물류중심지로 발전시킬 수도 있다.

이건 사실 러시아의 숙원 사업이다. 공백 지역인 서울에서 나선까지의 철로만 연결하면 철의 실크로드가 완성된다. 러시아는 한반도종단철도(부산에서 서울과 평양을 거쳐 나선에 이르는)와 시베리아횡단철도를 연계시키는 국제협력사업에 가장 적극적인 모습을 보여왔다.

중국 역시 러시아에 못지않은 거대한 계획을 추진중이다. 바로 일대일로一帶一路 전략*이다. 아시아에서 유럽에 이르는 길을 육로와 해상으로 뚫어 중국 주도의 새로운 글로벌 경제질서를 구축하겠다는 것이다.

그 일환으로 동북3성에서 중국 서부지역에 이르기까지 복잡한 철로망이 이미 개통되었거나 건설되고 있다. 중국횡단철도TCR는 장쑤성江蘇省 롄윈連雲항에서 출발해서 베이징을 거쳐 중국 서부지역과 중앙아시아를 관통한다. 몽골횡단철도TMGR는 베이징과 몽골 지역을 잇는다. 만주횡단철도TMR는 창지투 계획의 거점도시인 투먼을 기점으로 창춘·선양沈陽 등 만주 지역을 통과한다. 이 철도들은 유기적으로 연결되어 있는데, 결국 러시아의 시베리아횡단철도로 합류해서 유럽으로 향하게 된다.

이와 관련해서 나선이 또 등장한다. 현재 나진에서 함경북도 남양으로 가는 150km 거리의 철로가 계획되어 있다. 왜 하필 남양일까? 현재 진행중인 새 국경다리 건설이 완료되면, 남양은 곧바로 중국 투

● 중국이 '유라시아판 마셜플랜'으로 내세우고 있는 중국 대외정책의 핵심 개념이다. 유라시아를 육상과 해상으로 연결하면서 중앙아시아·동남아·인도양·아프리카 지역에 정치·경제적 영향력 확대를 꾀하는 전략이다. 그에 따라 관련국들에 도로·철로·항만·공항 등 대규모 인프라 건설과 투자를 진행중이며, FTA나 역내 경제공동체 구축도 추진하고 있다.

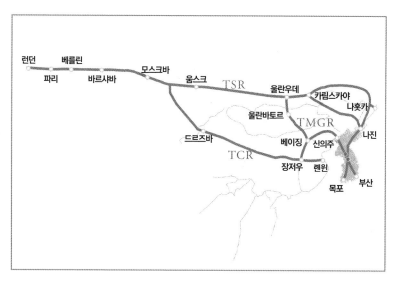

유럽−중국(TCR)−러시아(TSR)−몽골(TMGR)과 한반도를 잇는 철의 실크로드. 나선은 이 프로젝트의 유력한 거점 후보이기도 하다.

먼에 연결된다. 그리고 투먼은 만주횡단철도의 기점이다. 즉 나선은, 미국과 일본이라는 거대한 해양 세력의 물자·자금이 유라시아 대륙을 관통하는 길고 광대한 길에서 한반도의 출입구가 될 수 있는 지역인 것이다.

한국에서 '철의 실크로드'는, 김대중·노무현 정부도 구상했던 사업이다. 당시엔 주로 한반도종단철도와 시베리아횡단철도를 잇는 소박한(?) 구상에 그쳤지만(중국의 일대일로 전략은 2014년부터 본격화된다), 이를 통해 유라시아 대륙 차원에서 형성되는 교통·전력·가스 및 송유관 네트워크에 참여하려 했다. 관련 투자를 유치해 일자리를 창출할 수도 있었다. 북한의 개방을 유도해서 한반도 평화를 이뤄내고 통일을 앞당기는 것 역시 중요한 목표였다. 그러나 이런 움직임은 이명박-박근혜 정부 들어 맥이 끊어지고 만다.

박근혜정부는 이른바 '유라시아 이니셔티브' 전략을 잠시 추진하기도 했다. 본질적 내용은 김대중·노무현의 '철의 실크로드'와 비슷했다. 다만 중국의 일대일로 전략을 반영했다. 한반도종단철도를 시베리아횡단철도는 물론 중국횡단철도와도 연결해서, 부산으로부터 유럽까지 가는 이른바 '실크로드 익스프레스'를 구축하겠다는 것이었으니 말이다. 당시 한국은 러시아가 주도한 나선-하산 철교 건설에도 참여했다. 이 사업의 주체는, 러시아와 북한이 7대3 지분으로 설립한 '라손콘트란스'다. 이 법인의 러시아 측 지분 가운데 49%를 한국의 포스코·현대상선·코레일 등 3대 기업이 인수했다. 이후 러시아의 석탄을 나선-하산 철로로 나진항까지 옮긴 뒤 현대상선의 벌크선으로 포항의 포스코까지 수송하는 시범사업을 벌였다. 러시아 석탄은 포스코 제철공정의 연료로 사용되었다.

당시 한국 기업들은 5·24대북조치(2010년 3월 천안함 사건으로 발동된 한국의 대북 제재)로 인해 북한에 직접 투자할 수 없게 되어 있었다. 그래서 라손콘트란스의 러시아 측에 투자하는 편법을 사용한 것이다. 그러나 2016년 2월 박근혜정부는 개성공단 사업과 함께 '유라시아 이니셔티브'까지 완전 중단시켜버리고 만다.

자칫하면, 한국은 앞으로 도래할 유라시아 차원의 엄청난 변혁으로부터 소외될지도 모른다. 러시아는 남북관계의 정체로 한반도종단철도의 공백(서울-나선)이 메워지지 않자 일본에게 추파를 던지고 있

다. 한반도를 우회해서 일본과 러시아를 잇는 방안이다. 시베리아철
도를 교량으로 사할린까지 연결한 다음 홋카이도를 거쳐 도쿄로 들
어가는 경로다. 섬과 섬 사이는 교량과 해저터널로 잇는다고 한다.
한국의 미래엔 그야말로 치명적인 구상이다.

북한의 나선 개발 약사

북한 당국이 나선을 경제특구로 지정한 것은 이 같은 지경학地經學적
가치를 알고 있기 때문이다. 나선이 대륙과 해양을 연결시키는 물류
허브로 성장한다면 북한이 얻게 될 이익은 실로 만만치 않을 것이었
다. 더욱이 나선은 수도 평양에서 먼 변경지역이므로, 그곳에서 대외
개방 시장경제가 발전하더라도 체제 전체에 미치는 악영향을 최소화
할 수 있을 것으로 여겼을 터다.

　북한은 2009년 UNDP의 광역두만강개발계획GTI에서 탈퇴한다.
당시 북의 '핵 무력' 개발에 따른 국제제재에 대한 반발이었다. 그러
나 나선 개발은 오히려 본격화했다. 2010년 1월, 나선을 특별시로 지
정하더니 그 다음달엔 중국과 '나선경제무역지대와 황금평·위화도
경제지대 공동개발 및 공동관리에 관한 협정'을 체결한 것이다. 개성
공단의 파트너가 한국이었다면, 나선특구에서는 중국이 협력 동반자
인 셈이다.

　참고로 한반도를 기준으로 나선이 극동에 있다면 황금평(12.2km^2)
과 위화도(11.45km^2)는 극서에 있다. 압록강 하류의 서해 쪽 섬이다.
두 섬을 합치면 여의도(8km^2)의 3배 정도 크기로, 신의주에서 서해 방

면으로 20km 정도 떨어져 있다. 북한 및 중국 내륙과 황금평·위화도 사이로는 좁은 물길만 흐른다. 특히 황금평은 중국령인 단둥丹東과 육로로 연결되어 있다. 협정이 체결된 2010년 즈음엔 "중국이 북한으로부터 두 섬을 100년 동안 임차해서 '북한의 홍콩'을 만든다"는 보도들이 나왔다. 상업·무역지구를 만든다는 이야기다. 이렇게 북·중은 2010년대 들어, 두만강 하류의 나선과 압록강 하류의 황금평·위화도에서 각각 의욕적인 공동개발사업을 펼치기로 했다. 친중파로 불렸던 당시 장성택 전 북한 국방위 부위원장의 핵심사업으로 알려졌다.

2011년에 김정일 당시 국방위원장이 사망하지만, 이 계획은 계속 추진된다. 실제로 상당 규모의 투자도 이뤄졌다. 황금평·위화도 쪽은 관련 정보가 알려져 있지 않지만, 나선-훈춘 도로가 정비된 것이 이 시기다. 그러나 2013년 12월 김정은이 장성택을 처형하자 나선 개발 역시 사실상 중단된다. 중국이 친중파인 장성택 처형에 격분했기 때문이라고 한다. 물론 그해 2월 북한의 핵실험 탓도 있는 것으로 보인다. 게다가 중국이 한국을 완전히 무시하고 북한과 공동사업을 추진하기도 어렵다. 실제로 한국의 눈치를 본다. 자칫하다가는 한국이 미국 쪽으로 지나치게 경도될 위험도 있기 때문이다.

그러나 2016년 들어 사드 배치 때문인지 다시 나선의 공동협력사업에 속도가 붙는다. 중국의 경우, 한국과 멀어지면 북한과 가까워지는 모양새를 보인다. 북한 원정리와 중국 취안허를 잇는 두만강대교를 2차선에서 4차선으로 확장하는 사업도 완료되었다. 중국에서 나선으로 들어가는 송전탑들도 빠른 속도로 건설되고 있단다. 북한의 다른 지역과 마찬가지로 나선의 전력망은 매우 부실하다. 주변에 수력발전소가 있는데도 그렇다. 한때 중국측이 나선에 전력을 공급하기 위해 발전소 건설을 계획중인 것으로 알려졌었다. 그런데 중국의 발전소에서 송전탑을 연결해 공급하는 것으로 계획을 바꾼 모양이다. 어쩌면 개성공단 사례에서 배운 것인지도 모르겠다.

개성공단의 경우, 한국으로부터 송전탑을 통해 전력을 공급받았다. 서울에서 파주를 거쳐 개성으로 송전탑이 깔렸다. 박근혜정부는 개성공단을 폐쇄하면서 전력 공급도 끊었다. 중국 역시 발전소보다는 송전탑을 세우는 쪽이 북한을 압박하기에 유리하다는 점을 알게 된 것이다.

나선특구의 가치

개성공단사업에서 북한은 한국을 과도하게 경계하며 불필요한 갈등을 빚기도 했다. 하지만 나선특구에는 중국과 러시아가 참여하고 있어서인지 북한이 좀 더 적극적으로 임하고 있다. 그동안의 시장경제 운영 노하우까지 더해지면서, 현재 나선특구는 북한에서 시장화가 가장 많이 진행된 지역이다. 한국도 여기에 주도적으로 개입해 경제개발에 나서는 한편, 북한이 발전된 법치 시스템을 현실화시킬 수 있도록 지원할 필요가 있다. 나선특구의 가치와 가능성을 생각하면 중국과 러시아 중심으로 사업이 흘러가도록 두어서는 곤란하다. 즉 나선을 북한 경제발전 및 한반도 평화의 교두보로 삼는 전략을 세워야 한다.

나선시의 전체 면적은 890km^2다. 이 중 개발 대상 구역이 무려 470km^2로 전체 면적의 절반을 훨씬 웃돈다. 개발지구 가운데 공단이 들어서는 '산업구'는 30km^2(나진항 8km^2, 선봉백학지구 22km^2) 규모다. 나머지 440km^2는 거주지나 상업단지로 조성할 계획이다.

일단 개성공업지구보다 훨씬 규모가 크다. 개성공업지구는 당초 합의한 3단계까지 모두 개발해도 66km^2에 불과하다. 더욱이 1단계로 이미 조성된 개성공단은 3.3km^2밖에 안 된다. 개성공단과 나선시가 다른 점은 또 있다. 개성공단은 북한의 일반 인민이 사는 구역과 철조망으로 분리되어 있다. 그러나 나선엔 철조망이 없다. 외국인 투자자들의 공장과 주택이 북한 주민의 주거지나 레스토랑, 시장 등 편의시설과 섞여 배치되어 있다. 나선시엔 버스는 물론 택시까지 다닌다. 오토바이와 자전거, 심지어 소달구지가 도로를 느릿느릿 지나가는 등 과거와 현재가 공존하고 있다.

한국인이 개성공단을 방문하려는 경우엔 사전에 남북 군대 양측의 허가를 받아야 한다. 북한 인민은 개성공단으로 들어올 수 없다. 그러나 북한의 다른 지역에서 나선시로 가려면 검문소만 통과하면 된다. 중국인들은 육로를 통해 나선으로 비교적 자유롭게 출입한다. 여권과 북측 요청장만 있으면 된다. 더욱이 중국 측의 두만강 연안 도시에 사는 주민들은 '변경주민증'만 있으면 여권 없이도 나선 출입이 가능하다. 다만 북측이 불시에 출입 통제를 하는 경우가 있다. 지난 2014년 말엔 에볼라 바이러스 전염을 방지한다며 21일 동안 출입을

북한-러시아 간 교류협력의 산물인 나진-하산 국경 철도. 당초에는 한국 기업들 역시 나진-하산 철도를 이용한 물류사업에 참여하는 방안이 검토된 바 있지만 북한의 핵실험과 이에 따른 대북제재로 인해 무산된 상태다.

막아버렸다. 이때 나선에 들어와 있는 중국인들이 큰 어려움을 겪었다고 전해진다.

앞서 전력 문제에서도 봤듯이, 나선시는 특구인데도 불구하고 도시 인프라가 대단히 부실하다. 나선시 중심부인 남산동엔 15층 아파트가 있다. 나선에서 제일 높은 빌딩일 뿐 아니라 엘리베이터도 설치되어 있다. 그런데 가격이 7층을 경계로 크게 다르다. 높은 층일수록 가격이 내려간다. 전력 부족 때문에 엘리베이터를 정해진 시간에만 가동하기 때문이다.

심지어 기업들마저 공식 전력망으로는 필요 전력량의 일부밖에 공급받지 못한다. 그래서 자체 발전기를 돌리고 있다. 발전기에 필요한 석유는 나선시의 주유소에서 매입한다. 석유의 공급처는 역시 중국이다.

전력이 충분히 공급되지 않으면 공단을 정상적으로 가동할 수 없다. 개성공단에서도 시울에서 송전탑을 통해 전력이 공급되기 전까지는 발전기를 사용했다. 발전기의 가장 큰 결점은 지속적으로 사용할 수 없다는 것이다. 여러 대를 갖다놓고 번갈아 사용해야 한다. 개성공업지구관리위원회 직원들은 컴퓨터로 서류를 작성하다가 곤욕을 치르곤 했다. 보통 발전기를 교체할 때 무전기를 통해 '발전기 끕니다'라고 신호가 들어온다. 일에 열중하다가 신호를 듣지 못하면, 갑자기 컴퓨터가 꺼져서 작성하던 서류가 날아간다. 의류 제조업이나 창고업 같은 산업은 발전기로도 그럭저럭 버틸 수 있지만, 기계 가동이 잠시라도 멈추면 큰 차질을 빚는 정밀산업은 입주 자체가 불가능하다.

한때 중국과 러시아는 경쟁적으로 나선에 발전소를 세워주겠다고 했다. 중국이 2016년 현재 나선 방향으로 송전탑을 세워나가고 있는 건 앞서 말한 대로다. 러시아도 보고 있지만은 않을 것이다. 하바로프스크에 있는 대형 수력발전소에서 나선에 전기를 공급하는 방안이 제안되고 있다.

나선의 통신 상태 역시 매우 열악하다. 나선시 내에서는 전화 통화가 가능하지만 중앙센터의 교환수를 경유해야 한다. 그런데도 무선전화가 개통되어 있다. 태국의 통신사 록슬리퍼시픽과 북한 체신성의 공동투자로 설립된 동북아시아전화통신회사가 광섬유 케이블 노선을 깔아놓았다. 상당수의 주민들이 휴대폰을 갖고 있다. 다만 요금이 매우 비싸다. 나선에서 중국 훈춘의 지인과 통화하는 경우, 1분에 5~6위안을 내야 하는 것으로 전해졌다. 나선의 외국인 기업들은 인터넷을 사용할 수도 있지만, 월 사용료가 무려 8000위안 정도로 극히 비싸다.

나선시에서 가장 각광받는 인프라는 아무래도 항만이다. 쓸 만한 항만이 나진항을 비롯해 선봉항·웅산항까지 3개나 있다. 가장 유명한 나진항은 1930년대 일본-만주국 간의 연계 통로로 개발되었다. 해방 이후엔 북한의 자립경제 노선으로 인해 한동안 무역항 기능을 상실했다. 1970년대엔 소련이 나진항의 일부를 빌려 쓰기도 했다. 연해주를 출항한 러시아 화물선이 나진항에 들렀다가 동남아까지 운항했던 모양이다. 만의 형태가 들쑥날쑥한데다 앞바다에 떠 있는 2개의 섬이 파도를 막아주는 덕분에 일부러 방파제를 건설하지 않아도 된다.

나진항엔 3개의 부두가 있는데, 이미 중국과 러시아가 사용권을 획득했다. 1호 부두는 중국 다롄의 창리그룹創立集團이 지난 2008년에 북측 무역회사와 합작사업으로 개·보수했다. 3000만 위안을 투자해서 연간 하역량을 150만 톤으로 확장했다고 한다. 그 대신 북으로부터 10년 동안의 사용권을 얻었다. 2호 부두 역시 중국의 물류기업이 운영권을 갖고 있다.

러시아는 나진항 3호 부두의 사용권을 갖고 있다. 무려 50년 동안이라고 한다. 많은 돈을 투자한 것으로 보인다. 하산에서 열차로 수

송한 화물을 곧바로 배에 실을 수 있도록 철로가 부두 내로 연결되어 있다. 연간 400~500만 톤의 화물을 취급할 수 있는 시설이다. 러시아산 석탄을 나진에서 포항으로 수송하는 시범사업이 3호 부두를 통해 이루어진 바 있다.

나선시의 다른 항만인 선봉항은 원유 전용항으로, 주변에 승리화학이라는 정유공장이 있다. 20만~30만 톤급 유조선이 항구로부터 3km쯤 떨어진 바다에 설치된 해저송유관을 통해 승리화학으로 원유를 보낼 수 있다. 웅산항은 목재와 석탄 등을 취급하는 항구다.

북측은 나진항을 연간 1억 톤의 통과 능력을 가진 종합적 화물수송항으로 확장할 계획이다. 선봉항과 웅산항도 각각 연간 2000만 톤 규모의 공업항과 연간 500만 톤 규모의 산적짐(부피가 크고 포장되지 않은 상태로 운반되는 화물) 전용항으로 키우려 한다. 그렇게 되면 나선시의 연간 총 중개화물 수송량은 1억2500만 톤에 이를 전망이다.

제7장

시장과 법치를
실험하다

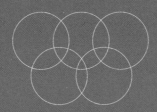

북한 나선특구 중심지인 남산동엔 지하 1층, 지상 15층 규모의 고급 아파트가 있다. '18호동 살림집'이 공식 명칭이다. 18호동 살림집 24평형 한 채의 가격은 11만9000위안 정도다. 한국 돈으로는 약 1960만 원이다.(2017년 6월 기준) 북한에서 고소득층에 속하는 개성공단 노동자의 연봉이 한국 돈으로 200만 원(평균 연봉 1800달러)쯤 된다. 이 노동자가 나선특구에서 24평형 고급 아파트 한 채를 마련하려면 꼬박 10년 동안 먹지도 마시지도 않고 돈을 모아야 한다는 이야기다.

모두가 평등하다는 사회주의 국가에 꽤 비싼 편인 '고급' 아파트가 존재한다는 것은 신기한 일이다. 더욱이 입주자들은 모두 나선시 주민으로 상인 및 공무원들이라고 한다. 나선에도 부자가 많은 모양이다. 앞에서 북한의 주택 매매 현실을 본 터라 이상한 일로 느껴지지 않겠지만, 주택 매매는 엄연히 불법이다. 그런데 18호동 살림집은 합법적으로 거래되었다. 이 아파트를 지은 중국 기업 건성부동산개발 회사 관계자는 이렇게 설명했다.

"나선시는 다른 도시와 달리 주택에 대한 매매가 정부 공문으로 인정 된 걸로 알고 있습니다. 이런 보장이 되지 않았다면 개인들이 돈을 들여 서 집을 구매하지 못하겠죠. 저희가 개발할 때 전제 조건은 정부에서 집 조(주택이용 등록증)를 내주는 것이었고 정부에서 허락했습니다. 당시 정부에서는 부동산시장을 여는 데 관한 정부회의 문저를 저희에게 보여 주면서 앞으로 나선시에서는 부동산시장을 자유화시킬 것이라고 얘기 했습니다."(문지훈·김세훈, 「북한 나선시 도시개발과 18호동 살림집을 통 해 본 북·중 합작개발의 특성」, 『국토계획』 제50권 제1호, 2015)

다른 지역에서는, 특정 가옥에 일단 입사증을 받고 들어가면 적어 도 합법적으로는 그 집을 다른 인민에게 팔 수 없다. 예컨대 관공서 문서에 '1000번지는 홍길동네 집'이라고 기록되어 있다면, 이 집을 임꺽정에게 팔기 위해서는 담당 공무원이 관련 부분을 '1000번지는 임꺽정네 집'이라고 바꿔줘야 한다. 그래서 공무원을 끼고 있어야 집 장사를 할 수 있다. 그런데 나선의 18호동 살림집은 "개인에게 집조 를 내주는" 것이 개발의 전제조건이었다는 이야기다. 여기서 '집조' 를 개인에게 내준다는 것은 해당 개인이 그 집을 자유롭게 처분할 수 있다는 의미로 보인다. 그러니까 '주택에 대한 매매가 정부 공문으로 인정'되고 '나선시에서는 부동산시장을 자유화시킬 것'이라고 거침없

나선특구의 '18호동 살림집'을 소개하는 브로슈어. 한국에서 흔히 볼 수 있는 아파트 광고와 크게 다르지 않은 모습이다. 북한에서 고급 아파트 매매가 공식적으로 이루어지고 있다는 건 놀라운 일이다.

이 말할 수 있는 것이다.

　다른 조건들은 나선 이외 지역에서 이뤄지는 주택 건설 및 분양 과정과 비슷하다. 문지훈·김세훈의 논문에 따르면, 중국 기업 건성부동산개발은 나선인민위원회 측과 합작으로 18호 살림집 60세대를 2014년 10월에 완공했다. 합작이라고 하지만, 북한 자본은 거의 들어간 것 같지 않다. 공사에 필요한 중장비와 자갈·모래·시멘트·승강기·배관 등 건축용 자재가 모두 중국에서 조달되었다. 북측에서는 단지 망치·못·철근(그러나 표준 미달 제품이었다고 한다) 등 기초자재만 지원했다. 다른 지역의 '돈주 개발업자'들도 주택 건설에 필요한 자본재를 대부분 자신이 부담한다. 또한 건성개발 측은 완공된 60세대 가운데 10%인 6세대를 수익 배분 차원에서 나선 인민위원회 측에 넘겼다. 다른 지방의 돈주와 권력기관도 이런 방식으로 개발 수익을 나눈다.

부동산시장을 보면, 나선이 북한의 내륙은 물론 개성공단보다도 시장경제화가 한 단계 더 진행된 곳이라는 것을 알 수 있다. 물론 건성개발 측 관계자의 이야기만으로는 모호한 측면이 있다. 외국인 기업이 개발한 주택만 합법적으로 사고팔 수 있는 것인지도 모른다. 그렇다 하더라도 나선은 어차피 외국자본을 유치하기 위해 특별시로 지정된 만큼 주택의 '사적私的 거래' 관행이 거침없이 확산되어 나갈 수밖에 없을 것으로 보인다. 나선의 법률제도만 봐도 개성공단의 운영 경험을 자양분 삼아 시장경제적 요소들을 한층 강화하고 있음은 분명하다.

개성공단의 경험이 나선으로

북한은 나선을 경제특구로 지정한 1991년에 이미 '나진선봉경제무역지대법'을 제정한 바 있다. 그러나 중국을 파트너로 삼아 다시 나선을 본격 개발하기 시작한 2010년에 이 법률을 전면 개정했다. 말이 '개정'이지 거의 새롭게 제정한 수준이었다.

이 '개정 나선법'엔 개성공단 운영의 경험이 짙게 배어 있다. 당초 개성공단에서는 한국과 북한의 공동 집행기구로 관리위원회를 구상했다. 그러나 이후 사실상 남측의 대표기구로 변형되면서, 공단의 각종 법규를 만드는 위상까지 갖게 된다. 관리위원회는 주로 북측이 개성공단에 대해 제정한 법률(개성공단지구법)의 테두리 안에서, 하위 법규인 세칙과 준칙 등을 만들었다. 그러나 하위 법규라고 우습게 봐서는 안 된다. 남측 관리위원회가 현실에서 실제로 터져 나오는 각종 사건들에 대처할 목적으로 만들어간 세칙과 준칙이 '사실상 법률'의 위상을 가졌다.(5장 참조) 관리위원회가 사실상의 입법권을 갖고 있었던 것이다. 개성공업지구관리위원회가 2005년부터 만들기 시작한 세·준칙은 2014년쯤 되면 무려 1300쪽에 달하는 『개성공업지구 법규사업준칙집』으로 축적되기에 이른다.

그러나 이런 현실과 달리, 관리위원회의 준칙은 공식적으로 '위원회 내부 규율'일 뿐이다. 즉, 엄밀하게 따지면 법적으로는 준칙으로 외부(개성공단의 기업과 노동자들)를 규율할 수 없게 되어 있었다. 그러나 북한 당국은, 이런 준칙이 사실상의 법률 노릇을 하게 되는 과정을 예리하게 간파하고 있었던 것으로 보인다. 개정 나선법에서 관리위원회와 준칙의 역할을 대폭 강화하기 때문이다.

당초의 나선법엔, 나선인민위원회(행정 당국)가 '투자 유치 및 승인' '토지·건물 임대와 양도' 등의 공단 운영권한을 보유하고 있었다. 그러나 개정 나선법엔 관리위원회가 대다수의 권한을 양도받아 특구를 실질적으로 관리·운영하게 되어 있다. 나선특구에서는 북한과 중국이 공동으로 관리위원회를 구성한다.

더욱이 개정 나선법은 준칙의 위상을 '위원회 내부의 규율'이 아니라 "경제지대의 개발과 관리에 필요한" 규범으로 대폭 끌어올렸다. 그리고 아예 준칙의 작성 업무를 관리위원회에 할당했다. 관리위원회가 준칙을 제정·시행하는 것을 공식적으로 허용했다고 볼 수 있다. 개성공단의 운영을 한국인에게 맡겼다면, 나선특구의 운영은 중국인들에게 위탁한 것이다. 북측 입장에서는, 특구를 통해 한국이나 중국 등의 법규를 시험해보고 차츰 체제 내로 흡수해나가는 형식을 꾀하고 있는 것으로 볼 수 있다.

개정 나선법은 경제무역지대의 관리원칙으로도 파격적인 조항들을 담고 있다. 우선 '법규의 엄격한 준수와 집행'이라는 대목이 눈길을 끈다. 기업·시장·형사 등의 부문에서 미리 제정되어 있는 법률을 통해 나선특구를 운영하겠다는, 일종의 법치주의 선언이다. 한국에서야 너무나 당연한 조항이겠지만, 국가원리상 노동당과 정부가 법률 위에 있는 사회주의 국가 북한에서는 엄청난 파격이다. 중국 자본을 끌어들이기 위한 선택으로 볼 수 있다. 만약 나선에 기업을 설립했는데, 북한 당국이 법에 의거하지 않고 자의적으로 해당 기업의 자산을 압수하거나 혹은 구성원에게 형사적 누명을 씌워 감금할 위험이 있다면 누구도 북한에 투자하려 들지 않을 테니 말이다.

또한 '경제발전의 객관적 법칙과 시장원리의 준수'를 나선특구의 관리원칙으로 못박고 있다. 전통적 사회주의 이론의 맥락에서 "경제발전의 객관적 법칙 준수"란 표현은 중요한 의미를 지닌다. 예컨대 공산주의는 생산력이 극도로 발전할 때 가능한 사회체제다. 그런데 사회주의자들은 때로 생산력 수준이 낮은 나라에 '시장 철폐' '소유 집단화' 같은 공산주의 정책을 시행하는 오류를 범하기도 한다는 것. 이럴 때 '낮은 생산력의 사회엔 시장을 허용해야 생산력을 발전시킬 수 있다(＝경제발전의 객관적 법칙)'는 비판이 나온다. 즉, 나선특구 관리원칙에 나오는 '경제발전의 객관적 법칙 준수'는 시장원리를 존중하겠다는 의미다.

북한이 나선에서 시장원리를 중시하고 그것을 법규로 뒷받침하고 있다는 것은 다른 측면에서도 확인할 수 있다.

향상된 기업의 자율성

우선 나선특구에서는 개성공단과 마찬가지로 주식회사를 설립할 수 있는 것으로 보인다. 아직 관련 세칙이나 준칙이 외부로 나오지 않아 자세한 내용은 알 수 없지만, '두만강포럼'' 등에 참여한 북측 법률가의 설명에 따르면 그렇다. 김일성대학 강정남 교수는 2014년 10월의 두만강포럼에서 이렇게 말했다. "(나선에서—인용자 주) 주식회사를 설립하여 운영할 수 있다. 주식회사의 설립운영에 관한 법규가 가까운 시기에 제정될 수 있을 것이라 생각한다."

또한 일정한 제한이 걸려 있긴 하지만, 나선특구에서는 기업 측이 자율적으로 제품이나 서비스의 가격을 정할 수 있도록 법제화되어 있다. 대다수의 상품과 그 가격을 정부 당국이 정하도록 규정되어 있는 북한에서는 매우 특이한 경우다. 물론 곡물과 대중 생활용품, 공공서비스 등은 나선시 당국(인민위원회)이 가격 상한선을 정해놓고 있다. 그러나 이 정도의 가격 통제는 자본주의 시장경제에서도 경제 안

● 두만강 하류 접경지역의 경제 발전을 논의하기 위해 한국·북한·중국·러시아 등의 학자와 실무자들이 여는 정기 포럼.

정화를 위해 운영하는 정책 수단이다.

개정 나선법에 따르면 가격 이외에도 채용, 임금, 이윤 분배, 생산 및 판매 계획 등에서 기업의 독자성이 보장된다. 행정 당국은 기업경영의 독자성을 보장해야 하며, 법률에 의하지 않고서는 기업으로부터 돈을 징수할 수 없도록 되어 있다.

나선특구는 부동산제도에서도 개성공단보다 더 나아갔다. 개성공단의 경우, '50년 동안 토지를 임대할 수 있으며 그 위에 짓는 건물에 대해서는 소유권까지 인정'하게 법제화(개성공업지구법)되어 있다. 그러나 토지이용권을 사고팔거나 저당 잡히는 행위는 하위 법규인 '부동산 규정'에 들어가 있을 뿐이다. 이에 비해 개정 나선법은 법률 자체에 토지이용권의 양도와 저당을 명시해놓고 있다. 부동산에 대한 '사실상의 개인 소유'가 법률적으로 더욱 보장된 것이다.

더욱이 불이행 채무에 대한 강제집행권까지 적극적으로 인정하고 있다. 개정 나선법의 '부동산 규정'에 따르면, 토지이용권을 담보로 돈을 빌린 사람이 빚을 갚지 못하는 경우, 채권자는 '재판소'에 저당물(담보물)의 처분을 신청할 수 있게 되어 있다. 마치 한국처럼 채권자가 해당 담보물(토지이용권)을 법원의 지휘·관리 아래 경매하는 방법으로 빚을 받아낼 수 있다는 의미다. 나선특구에서 부동산 담보로 금융거래를 할 수 있을 뿐 아니라 재판소가 관리하는 강제집행 제도까지 입안되었다는 것은, 그만큼 북측의 시장경제에 대한 이해가 성숙되었음을 보여주는 것이다.

게다가 기업들에게 '국제적으로 통용되는 회계기준'만을 적용하도록 규정하고 있다. 이는 북측의 개방 의지를 보여주는 것이다. 국제적으로 통용되는 원가·이익·기업가치 개념을 지켜야 외국자본이 안심하고 나선으로 들어올 것이기 때문이다.

노동제도와 세금제도

나선특구의 노동제도는 개성공단과 크게 다르지 않다. 북한 노동자들이 개별적으로 기업을 찾아가는 게 아니라 '노동력 알선기업'(사실상 북한 당국)이 기업에 노동자들을 공급해준다. 개성공단과 마찬가지로, 종업원 대표가 기업 측과의 노동계약 및 작업조직에서 비중 있게 활동한다.

나선특구의 최저임금도 개성공단과 비슷한 수준으로 75.2유로(약 85달러. 개성공단의 최저임금은 월 70달러였다)다. 임금을 지급하는 방법으로는 '화폐로 지급해야 한다(화폐불)'라고만 되어 있다. 개성공단의 경우엔 '화폐불'과 '직접불(임금을 화폐로 노동자들에게 직접 쥐야 한다)'이 모두 규정되어 있으나, '직접불'은 실행되지 않았다. 나선도 마찬가지인 듯하다.

노동자 보호조치에 있어서는 나선특구가 개성공단보다 엄격한 편이다. 개성공단의 경우, 1년 이상 근속자에게만 퇴직금을 준다. 나선에서는 1년 미만 근속자에게도 퇴직금을 주도록 규정되어 있다. 해고절차도 개성공단에선 북한 당국에 통지하면 되지만, 나선에서는 직업동맹(노동당 산하의 노동조직)과 토의를 거쳐야 한다. 보충휴가나 산전산후 휴가의 경우에도 개성보단 나선 쪽이 훨씬 길다. 이유는 크게 두 가지로 보인다. 우선 개성공단에서 북한은 한국 기업에 대해 동포 입장에서 일종의 특혜를 제공한 듯하다. 그러나 '나선은 개성에 비해 특구로서 입지조건이 훌륭하기' 때문에 어느 정도 엄격한 노동자 보호 조치에도 해외 기업을 유치하기가 어렵지 않다고 판단했을 가능성이 높다.

다만, 현실에서는 나선특구 노동자들이 개성공단 노동자들보다 열악한 상태인 것으로 보인다. 현지 조사에 따르면, 나선에 있는 외국 투자기업들이 실제로 지급하는 월 임금은 50~100달러에 불과하다. 일부 기업은 월 100위안 정도의 현금과 100위안 정도의 쌀을 중국에서 구입해 지급한다고 한다. 200위안이라면 30달러(26유로) 정도에 지나지 않는다. 최저임금 기준도 엄격하게 준수되고 있지 않은 듯하다.

세금 부문의 규정도 흥미롭다. 개성공단과 나선특구에 공통적으로 적용되는 세금 항목으로는 기업소득세·개인소득세·재산세·상속세·거래세·영업세·자동차이용세·도시경영세 등이 있다. 그런데 나선엔 개성에 없는 세금이 하나 더 있다. 바로 자원세다. 철광·수산물 등 자원 채취업을 하는 중국 기업들에게 부과되고 있다.

거래세는 재화를 팔았을 때 그 매출액에 대해 내는 세금이다. 영업세는 서비스 매출액에 부과한다. 둘 다 상행위에 대한 세금이라 할 수 있다. 개성공단에서도 거래세와 영업세를 부과하지만 현실에서는 있으나마나다. 입주 기업들이 공단 내부에서 재화나 서비스를 사고파는 경우 자체가 별로 없기 때문이다. 일반 북한 주민들과는 접촉할 일이 없으니 당연한 일이다. 그러나 나선은 다르다. 공단과 주거지가 분리되어 있지 않기 때문에 중국 기업과 북한 주민들 간에 상업활동이 매우 활발하다.

상업활동이 거의 없는 개성공단의 경우, 거래세 및 영업세 항목이 각각 5~6개에 그친다. 그러나 나선특구의 '세금규정 시행세칙'에 나오는 '거래세 세율표'를 보면 4쪽에 걸쳐 해당 재화의 이름과 세율이 적혀 있다. 전선류나 케이블선은 0.6%고, 화학비료와 농약 등은 0.3%다. 술은 무려 12.5%다. 꽤 많은 재화가 나선에서 판매되(거나, 북한 당국이 판매될 것으로 기대하)고 있는 것이다. 영업세 부분을 보면, 상업·금융보험·관광·오락 등의 서비스 항목이 1쪽 정도로 열거되어 있다. 심지어 카지노에 대한 영업세율도 있는데 50%에 달한다.

개성공단과 나선특구에 모두 있는 거래세·영업세 항목의 세율을 보면, 나선 쪽이 두 배쯤 높다. 북한 당국의 나선에 대한 자신감으로 보인다. 세율이 높아도 외국 투자자들이 들어올 거라 여기는 것이다. 기업소득세를 봐도 북한 당국의 자신감이 드러난다. 기업소득세율(법인세율) 자체는 나선이나 개성이나 모두 결산이윤의 14%다. 그렇지만 개성의 경우 기업이 이윤을 내기 시작한 해로부터 5년간 면세하고, 그 이후에도 3년 동안 50%를 감면해줬다. 그러나 나선에서는 3년간 면세한 뒤 2년 동안 50% 감면해줄 뿐이다.

보완이 필요한 인권보호 제도

앞으로 한국이 나선에 투자하게 되는 경우, 반드시 체결해야 할 조항 나선특구의 거래세와 영업세에 관한 규정. 개성공단보다 높은 세율은 북한 당국이 나진특구의 경제성에 상당한 자신감을 가지고 있음을 보여준다.

이 있다. '신변안전에 관한 합의서'다. 무릇 다른 나라의 투자나 시민을 끌어들이려면, 해당 자본이나 사람의 안전을 보장해야 한다. 타당한 이유 없이 기업 자산에 손실을 입히거나 외국인의 신변을 위협해서는 안 된다는 이야기다. 특히 그 나라가 사법체계의 불투명성 때문에 국제적으로 불신의 대상인 경우, 투자자 측은 엄격한 장치를 요구할 수밖에 없다. 나선법의 관련 조항(9조)의 내용은 다음과 같다.

경제무역지대에서 공민의 신변안전은 법에 따라 보호된다. 법에 근거하지 않고는 구속, 체포하지 않으며 거주 장소를 수색하지 않는다. 신변안전 및 형사사건과 관련하여 우리나라와 해당 나라 사이에 체결한 조약이 있을 경우에는 그에 따른다.

여기 나오는 "우리나라와 해당 나라 사이에 체결한 조약"의 사례가 바로 남북한 간에 체결된 「개성공업지구와 금강산관광지구의 출입 및 체류에 관한 합의서」다. 그러나 합의서가 있어도 문제가 많았다. 나선특구에서는 아직 북·중 간에도 신변안전에 관한 합의서가 체결되지 않은 것으로 알려졌다. 어찌 보면 '형사 자주권'을 해치는 제도이기 때문에 북측의 거부감이 큰 것으로 보인다.

이처럼 신변안전 관련 조약이 없는 경우엔 나선법에 명시된 '인민보안단속규정'이 적용될 가능성이 크다. 그런데 이 규정대로라면, 법질서 위반자에 대해 영장 없이도 3~10일간의 억류가 가능하며 변호인 조력권도 보장되지 않는다. 더욱이 법원 결정이 없어도 인민보안기관이 위법 혐의자를 노동교양소에 보낼 수 있다. 이런 상황에서 외국인이 안심하고 나선에 들어가긴 어렵다. 신변안전에 관한 합의서를 따로 체결하든지, 혹은 나선자유경제무역지대에서의 사법절차를 근대 사법의 일반 원칙에 부합되도록 개선해야 할 것이다.

놀랍게도 행정소송절차는 개정 나선법에 법률로 명시되어 있다. "분쟁 당사자들은 경제무역지대의 관할 재판소에 소송을 제기할 수 있다. 경제무역지대에서의 행정소송절차는 따로 정한다." 비록 특구에서만이긴 하지만, 사회주의 국가 가운데서도 가장 경직된 체제로 꼽히는 북한으로서는 매우 전향적인 규범이다. 행정소송은 국가(노동당)도 오류를 범할 수 있다는 전제를 깔고 있다. 더욱이 시민이 행정 오류를 개선하거나 배상하라고 요구하는 것은, 국가에 대한 일종의 도전으로 간주될 수도 있는데 말이다.

개성공단에서도 입주 기업들이 북한 당국의 행정행위에 대해 수많은 불만을 제기했었다. 예컨대 북측 세무서가 부당한 납세 금액을 통지하거나 건축물을 불법 설치했다고 시비 거는 경우다. 그러나 개성공업지구법에서 입주 기업이 할 수 있는 일은 북측 행정기관에 민원을 제기하는 정도였다. 남측 관리위원회가 행정소송 도입의 필요성을 누차 거론했으나 묵살되었다.

어떻든 현재 나선특구에서도 행정소송이 절차는 규정되어 있지만 본격적으로 시행되는 것으로 보이지는 않는다. 북한 당국이 개성공단의 경험을 통해 나선에 행정소송제도가 필요하다는 것을 자각하고 이 지역에 한해서 일단 법제화만 했을 가능성이 크다. 사실 나선특구엔 아직 행정소송을 제기할 외국인 기업들도 많지 않다. 2014년 현재 120여 개의 북한 기업들이 공업·농업·수산업 등의 업종에서 생산 활동을 벌이고 있다. 외국자본의 투자로 설립된 기업은 150여 개 정도로 알려져 있다. 대다수가 합영 또는 합작 기업이다. 외국인 단독 투자도 가능하지만, 그게 주로 소규모 유통업 쪽에 몰려 있다. 러시아 자본이 나선에 설립한 회사를 통해 생필품을 판매하거나 시내에서 레스토랑을 운영하기도 한다. 물론 이외에도 미국·이탈리아·태국·호주·싱가포르·대만·일본 등의 자본이 나선에 투자한 것으로 알려졌다. 그러나 아직까지는 외국인들이 나선에 투자하기를 꺼릴뿐더러 기업 정보도 공개하지 않는 경우가 많다. 미국의 제재를 받을 가능성을 두려워해서다.

나선의 본업은 물류

이에 비해 물류는 대단히 활발하다. 북한 내부의 국유 생산·유통 시스템이 마비되면서 1990년대 중반부터 나선 지역에서 민간 도매시장이 발전했다. 당시 중국이나 러시아 물자가 나선으로 대량 반입되어 모인 뒤 인접 대도시인 청진이나 심지어 평양으로까지 흘러갔다고 한다. 이런 과정에서 시장거래가 매우 왕성했다. 실제로 나선시 주민들의 생활물자 가운데 국가로부터 분배받는 것은 60% 정도에 그친다고 한다. 나머지는 시장에서 구입하고 있다는 것. 북한의 다른 지역 상인들이 도매를 위해 나선으로 오기도 한다. 현재 나선의 물류 시스템은 중국 측 기업들이 장악하고 있는 것으로 보인다.

중국 물건이 나선을 통해 북한으로 유입되는 통로는 몇 가지가 있다. 먼저 창고가 곧 도매시장 역할을 하는 방식이다. 일단 중국 자본이 나선시에 북한 측과 합작으로 창고를 건설한다. 중국 측이 냉동창고에 필요한 자재를 공급하고, 북한 측의 사업소가 인력을 동원해 건설하는 방법이다. 북측 사업소가 소유권을 갖는 반면, 중국 측은 북한에 일정량의 물품을 수출할 수 있는 허가증(와크)을 받는다. 이후 중국 측 기업이 자사 제품을 나선시의 창고에 공급하면, 북한 상인들(무역사업소 직원 또는 개인 상인)이 그 제품을 구매해서 나선시나 인근 지역으로 유통시킨다. 소유권자인 북측 사업소는 중국 기업과 북한 상인들로부터 일정 정도의 보관비를 받는 것으로 보인다.

또 하나는, 중국 자본이 나선에 대형 시장을 만드는 방식이다. 길림천우집단吉林天宇集團이 설립한 나선국제상품시장이 대표적 사례다.

천우집단은 시장 건물의 소유권을 북측에 넘겨준 대신 이 시장에 물건을 공급할 수 있는 와크를 받았다. 북측은 자율적으로 나선의 인력(운영자, 판매상인 등)을 고용해서 시장을 운영했다. 천우집단은 중국의 생필품 집산지인 저장성浙江省에서 구입한 상품을 나선국제상품시장에 공급했다.

나선국제상품시장은 북한 주민들이 농수산물을 자유롭게 사고팔수 있는 장소였다. 나선시 인근 도시의 상인들도 물건을 떼러 왔다. 관광명소로도 소문이 났다. 실외 매장에서는 농수산물과 건축자재 등을 팔고, 실내 매장에서는 신발·의류·옷감·가전제품·봉지포장(중국산 과자·빵·음료·사탕·껌 등을 봉지에 담아 판매) 등을 취급했다. 거래되는 상품은 주로 중국산이거나 아디다스·나이키 등의 짝퉁 제품이다.

이 나선국제상품시장은 2014년 말 나선시의 핵심 상업지역에 새로 설립된 나선강덕종합시장으로 흡수된 것으로 알려졌다. 나선강덕종합시장은 지하 1층, 지상 5층 건물이다. 일종의 쇼핑몰이다. 층별로 판매 품목을 분리했는데 지하 1층엔 육류·해산물 등 먹거리, 지상 4층엔 화장품·문구·문화용품을 팔고, 5층에는 전자오락실과 당구장 등이 들어섰다. 시장 인근에 '나선중심례저광장'이라는 휴식공간을 배치해서, 소비자들이 쇼핑과 여가를 함께 즐길 수 있도록 배려한 것도 이례적이다. 이전의 나선국제상품시장엔 북한 상인들만 입주한반면, 나선강덕종합시장은 중국 상인에게도 점포를 임대한다. 임대료는 한 달에 $1m^2$당 90~100위안(1만5000~1만7000원) 정도다.

최근엔 아예 중국 자본이 시장 건설은 물론 운영도 맡아 중국 상인 (도매상)들에게 점포를 임대하기도 한다. 대표적인 사례는, 북측 나선 백호무역회사와 중국 친황다오秦皇島금지부동산개발유한공사가 합작 건설한 나선국제상업부역중심이다. 중국 측이 50년 기한의 토지이용권을 획득해서 건설했다. 창고 및 매장으로 이용될 7개 건물과 함께 식당·호텔 등 9개 건물이 붙어 있는 대규모 시장이다. 이 시장에서는 가구·건축장식재료·철물·전기기계·생활용품·의류·신발·모자·가전제품·농수산물 등 다양한 상품을 도매로 판매한다. 북한 최대의 도매센터로, 내륙 지역을 향한 물류를 먼저 건설하겠다는 중국 자본의 야심을 보여준다고 하겠다.

나선시에서는 2014년부터 매년 8월마다 국제상품전시회가 열린다. 2016년 전시회에는 북한·중국·러시아·이탈리아 등의 100여 기업이 참여했다. 전기전자·경공업·식품·일용품·약품·운송도구 등 70종 6만4000여 제품이 전시되었다. 판매도 하는데, 언제나 북한 주민들이 몰려들어 경쟁적으로 제품을 산다고 한다. 특히 북한 내부의 물류 발달을 보여주는 운송용 트럭뿐만 아니라 태양전지도 많이 팔렸다. 가격은 2000~5000위안(한국 돈으로 33만~83만 원)이다. 나선시의 전력공급은 원활하지 않은 반면, 주민들의 주머니 사정은 좋아졌다는 뜻이다. 중국에서 판매되고 있는 전기자전거도 비교적 고가인 2500~3000위안(41만~50만 원)이지만 꽤 인기가 좋았다고 한다.

우리가 아는 북한은, 주민들이 필요한(뭐가 필요한지도 국가가 정한다) 생필품을 국가로부터 배급받아 생활하는 나라다. 생필품이 아닌 제품도 국영 상점에 가서 국정가격으로 매입한다. 그 자리엔, 소비자들에게 비싼 가격으로 공급할 수 있는 상품을 찾아 동분서주하는 상인 따윈 존재하지 않는다. 소비의 욕망을 가진 대중도 보이지 않는다. 이런 공급자와 수요자를 매개하는 시장도 없다. 그러나 나선에 가면 시장경제 시스템에나 존재하는 경제주체들을 잔뜩 만날 수 있다.

한국이 나선에서 해야 할 일

북한 당국은 애초 나선에서 기초시설·공업단지·물류망·관광개발·건설산업 등을 기본으로 원자재공업·장비공업·첨단기술공업·경공업·서비스업·현대고효율농업 등 6대 산업을 함께 발전시키기로 했었다. 그러나 아직 나선특구는 제대로 개발이 이뤄지지 않은 미개척 시장으로 남아 있다. 의류·수산물·공예품 등의 원자재와 설계도를 주로 중국의 모기업으로부터 받아 완제품으로 만든 뒤 수출하는 가공산업이 비교적 활성화돼 있으나 저부가가치 산업이다. 석회석 등 지하자원이 풍부히 매장돼 있지만, 자본과 기술의 부족으로 제대로 활용되지 못하는 형편이다.

그러나 나선은 물류의 허브로서 잠재력을 갖고 있는데다 관광지로도 가능성이 풍부하다. 아름다운 해안선과 멋있는 항구, 한반도의 명산 가운데 하나인 칠보산을 끼고 있다. 이미 중국인들에게는 잘 알려진 관광지다. 어떤 중국 관광업체는 두만강에 배를 띄워놓고, 북한 쪽의 중국 관광객을 대상으로 공연하는 형태의 관광상품을 개발해서 팔고 있다고 한다. 공연의 출연자는 대개 북한 주민들이다. 홍콩의 임페리얼그룹 등 유명 호텔 체인들이 이미 나선에 크고 작은 호텔을 지어놓기도 했다.

이런 나선에 한국도 진출을 서두를 필요가 있다. 북한과 중국의 공동사업이지만 아직 제대로 진척되지 않은 나선 개발에 한국이 참여해야 한다는 이야기다. 이미 중국은 사실상 나선을 선점한 상태이고, 러시아 역시 나선 진출에 박차를 가하고 있다.

중국과 러시아의 이런 움직임이 본격화되면, 한국은 대륙으로 진출할 수 있는 가장 중요한 동북아 거점을 잃게 될 수도 있다. 그렇다면 어떻게 할 것인가? 일단 나선개발 사업을 북·중 양자만이 아니라 한국과 러시아도 참여하는 다자간 국제사업으로 발전시키자고 제안해야 한다. 이미 한국은 지난 박근혜정부 시절, 유라시아 이니셔티브란 프로젝트로 나선 개발에 참여했다가 발을 뺀 적이 있다.

남북한뿐 아니라 중국·러시아 등이 함께 나선을 중심으로 경제협력사업을 벌인다면 남북 사이의 긴장이 경협에 미치는 악영향을 최소화할 수 있다. 중국과 러시아가 공동의 이익을 걸고 개발을 추진하는 상황에서 북한이 일방적으로 사업 중단을 결정하기란 어려울 것이다. 북한 입장에서 중국과 러시아는 인접국인 동시에 최대 우방국 아닌가. 남북한만이 아니라 주변국을 동참시킨 경제협력사업이 훨씬 안정적이며, 이런 모델을 나선에서 창출해낼 여지는 얼마든지 있다.

더욱이 한국은 단순 임가공에 그치고 있는 나선특구의 산업을 더욱 고도화시키는 데 기여할 수 있다. 물론 처음엔 임가공 형태로 진출해야겠지만, 나선의 코앞엔 한국이 생산할 수 있는 고부가가치 상품에 대한 수요가 팽배한 광활한 대륙이 있다. 나선을 고부가가치 상품의 생산기지로 개발하는 프로젝트를 기획할 수 있지 않겠는가.

더구나 현재 여러 나라에서 추진중인 북극항로의 개척과 관련해서 나선의 항구들이 주목받고 있다는 사실도 감안해야 한다. 지금 동아시아의 물류가 해상으로 유럽에 이르려면, 남중국해와 인도양을 건너고 수에즈 운하를 통과해서 유라시아 대륙을 완전히 우회하는 기나긴 항로를 거쳐야 한다. 그러나 나선에서 러시아의 시베리아 연안과 베링해로 북상한 다음 북극해를 관통하는 북극항로를 개척하면 훨씬 단거리로 유럽에 도달할 수 있다. 북극항로가 개척되는 경우 나진항은 유라시아 대륙 동북부의 물류를 유럽과 북미로 수송하는 동아시아의 중추적 항구로 발전할 것이다. 이에 한국의 발전된 조선 기술과 관광업을 결합시키면 새로운 고부가가치 산업의 발전을 기대할 수 있다.

한국이 대륙에서 새로운 경제 활로를 찾으려면, 나선개발 참여는 필수적이다. 또한 한국에서 나선으로 갈 수 있는 교통로도 열어야 한다. 휴전선으로 가로막혀 사실상의 섬이 되어버린 대한민국이 대륙으로 나아갈 수 있는 통로가 바로 나선특구다. 배나 항공기뿐 아니라 철도 등 육로를 통해 대륙으로 갈 수 있다면 어떻게 될까? 만주와 연해주가 대한민국의 1일생활권에 편입된다. 서울에서 한반도 종단철도로 나선특구에 도착한 뒤 철로나 도로를 통해 만주와 연해주에 당도하는 것이다. 이미 중국 동북3성에는 미용이나 웨딩 촬영 같은 업종을 운영하는 한국인들이 있다.

　개성공단 기업인들 가운데서도 나선에서 사업하고 싶다는 사람들이 있다. 한 스테인레스 식기(접시, 포크, 나이프 등) 제조업체 대표는 나선에서 철로로 유럽까지 물량을 실어 나를 수 있다는 점에서 사업기회를 찾는다. 식기의 경우, 선박으로 유럽까지 수출하려면 적정 생산량을 넘어서는 대량생산을 해야 하고 시간도 많이 걸려 수지가 맞지 않는다. 그러나 기차로 수송하면 이윤을 낼 수 있다는 것이다. 이처럼 나선 개발은 한국인들의 사업기회를 활짝 열 수 있는 길이기도 하다.

　따라서 한국은 나선특구를 성공적인 시장경제지역 모델로 만들어 남북한간 경제협력의 거점 및 전진기지로 활용하는 전략을 추진할 필요가 있다. 무엇보다 북한이 특구를 성공적으로 개발하려면 어떤 제도 개혁이 필요한지 체감하도록 돕는 게 중요하다. 남북간 경제협력은 북한의 지나친 대중對中 경제의존도를 개선할 수 있는 방편이다. 더불어 북한은 나선 개발을 통해 경제성장 노하우를 체득할 수 있을 것이다. 이로써 성공한 제도를 나선에서 다른 특구로 옮겨 실험한 뒤 점차 내륙으로 확장해나갈 수 있다. 북한이 추진중인 경제개발구 및 특구는 모두 20개에 이르는데 대다수가 해안이나 중국 및 한국의 접경지역에 집중되어 있다. 나선 인근에도 청진경제개발구와 온성섬관광개발구가 있다. 중국 역시 점(특구)에서 선(연안지대 도시)으로, 선에서 면(내륙)으로 개혁·개방을 확장해 나갔었다.

　앞에서 봤듯이 북한은 개성공단의 실험을 나선특구에 적용하는 여

북한 나선특구 종합개발계획(2015)

산업구 개발 9곳(약 10조8000억 원)

백학공업구	5조3000억 원
웅상개발구	2조1000억 원
안주국제상업구	1조4000억 원
구룡평·굴포개발구	9900억 원
안화·동명개발구	4100억 원
신흥경공업구	3200억 원
관곡공업구	2400억 원
두만강개발구	700억 원
나진항물류산업구	투자규모 미정

관광지 개발계획 10곳(약 7조3000억 원)

신해국제회의구	2조9000억 원
창진동식물원	1조4000억 원
비파섬생태관광구	9500억 원
우암해돋이부감관광지	5000억 원
웅상해양체육관광지	4800억 원
추진휴가 및 별장촌	4700억 원
해상금관광지구	3800억 원
소초도유람선관광	800억 원
사향산등산관광지	760억 원
갈음단해수욕장	260억 원

※투자액은 달러화를 원화로 환산한 금액

출처: 연합뉴스, 「북한 '나선경제특구 종합개발계획' 주요 내용」, 2015년 11월 18일

북한은 관광지와 산업구에 대한 수조 원 규모의 개발계획과 함께 나선특구에 적용되는 자본주의적 제도를 발표했다. 앞으로 나선을 홍콩이나 상하이 같은 무역도시로 발전시키려는 포부로 보인다.

러 선례를 보여줬다. 심지어 사회주의 국가에서 허용하기 힘든 행정 소송을 나선특구의 법률 차원에서나마 명시하기도 했다. 나선법에 '국제적으로 통용되는 회계기준'을 규정한 데도 개성공단 운영의 경험이 엿보인다. 따지고 보면 나선의 임가공업도 개성공단에서 배운 것이라고 할 수 있다. 이렇게 나선을 비롯한 경제특구는 북한이 시장 제도와 법치를 배우는 학습의 장이 될 수 있다.

이미 한국은 이 방면에서 경험을 축적하고 있는 중이다. 사회주의 에서 시장경제로 이행하고 있는 베트남에 사법시스템을 전수하기 위한 사업을 진행하고 있다. 대법원은 한국국제협력단KOICA과 협력하여 '베트남 법관 양성을 위한 법관 아카데미'의 건립과 운영을 지원한 바 있다. 2009년부터는 매년 베트남 고위 법관들을 초청해서 2주에 걸친 연수(사법 제도 및 법원행정시스템 관련)를 시행하고, 베트남 현지에서도 각종 세미나를 열어 한국의 사법제도를 전수한다.

한국은 이런 경험을 북한에도 적용할 수 있다. 북한 당국이 나선 등 경제특구에 적용할 법제도를 만들고 운영하는 절차를 지원하면 된다. 법치의 수준에서는 우리가 중국이나 러시아보다 앞서 있으며, 이미 개성공단에서 작은 규모로 북한에 법치를 전수해본 경험이 있기에 잘할 수 있는 부분이다. 북한의 일부 지역에서라도 죄형법정주의나 공판중심주의와 같은 법치의 원칙을 세우고 선진적인 사법제도를 운영한다면 그것은 대단한 성과다.

이처럼 나선은 한국이 한반도 평화 및 통일을 전략적으로 준비해 나가는 데 크게 기여할 수 있다. 현 시점에서, 나선특구의 발전이 북한 전반과 동북아시아에 어떤 영향을 미칠지 구체적으로 추정하기는 쉽지 않다. 그러나 북한을 '개혁·개방을 통한 변화의 길'로 유도하려면 나선을 놓쳐서는 안 된다.

제8장

법은 핵보다
강하다

———

2017년 말 현재, 북한은 사실상의 핵

보유국이다. 지난 9월에 감행한 6차 핵실험의 경우, 300킬로톤(1킬로톤은 TNT 1000톤의 폭발력)급의 폭발력을 가진 것으로 추정되기도 한다. 1945년 8월 일본 히로시마와 나가사키에 떨어진 미국 핵무기의 위력이 20킬로톤 정도다. 북한은 지금까지 핵실험을 거듭하면서 폭발 위력을 비약적으로 끌어올려왔다. 더욱이 핵탄두를 미사일에 실어 보내는 능력도 빠른 속도로 발전시켰다. 2017년 5월 발사한 '화성-12형'의 경우, 최대 $4500\sim5000km$를 비행할 수 있는 것으로 평가된다. 일본은 당연하고, 괌에 있는 미군기지까지 타격할 수 있게 되었다는 이야기다. 북한은 조만간 태평양 건너 미국 본토를 ICBM(사거리 $5500km$ 이상 대륙간탄도미사일)으로 타격할 능력을 갖추게 될지도 모른다. 한국은 이제 가공할 핵 능력을 가진 북한을 이웃에 두고 살게 되었다. 이런 북한을 어떻게 상대할 것인가?

이에 대해서는 현재 다양한 대응 방안들이 격돌하고 있다. 보수 측에서는 강력한 대북 제재나 심지어 무력 공격을 통해 북의 핵 폐기를 강제하고, 나아가 붕괴시켜야 한다고 주장한다.(강경제재론) 진보 측은 대체로 대화(북·미 평화협정 및 수교)로 북의 핵 포기나 동결을 유도하자는 의견이다.(대화론)

이런 방안들을 검토하기에 앞서 명확히 전제해야 할 조건이 있다. 북한은 적어도 가까운 시일 내엔 절대 핵무기 체계를 포기하지 않을 것이란 점이다. 설사 북한이 미국과 평화협정을 체결하고 수교까지 성사시킨다 해도 쉽게 핵을 폐기하지 않을 것이다. 평화협정은 언제든 파기하면 그만이지만, 핵을 폐기해버리면 쉽사리 복원할 수 없기 때문이다. 리비아의 카다피 정권이 미국과의 협상을 통해 핵개발을 포기한 뒤 처참하게 몰락하는 과정이 김정은에겐 '남의 일' 같지 않았을 것이다.

즉, 북한 핵 폐기는 절대 단기적으로 해결할 수 있는 문제가 아니다. 강경제재론자든 대화론자든 일단 이런 냉혹한 현실을 인정한 뒤에야 실사구시적인 방안을 모색할 수 있다.

비현실적인 북한붕괴론

강경제재론에 따르면, 한국은 국제사회와 연대해서 북한을 붕괴 직전까지 몰아가야 한다. 그래야 북이 핵을 폐기하게 된다는 것이다. 그러나 이는 북한이 자유민주주의 세계의 상식으론 이해할 수 없는 국가라는 점을 간과하고 있다.

북한은 한국전쟁 이후 상시적이고 지속적으로 국제사회의 제재를 받으면서도 생존한 나라다. 특정 국가가 이토록 지속적인 '전쟁 이외의 수단'으로 집중 난타당한 경우는 세계사적으로도 드물 것이다. 심지어 수십만~수백만 명이 굶어죽은 것으로 알려진 1990년대의 '고난의 행군' 이후에도 김일성 일족의 지배력은 건재한 것으로 보인다. 이런 참사를 겪고도 정권이 유지된다는 것 자체가 자유민주주의 세계의 상식으론 이해불가다. 게다가 지난 몇 년 동안의 강도 높은 국제 제재에도 불구하고 북한 경제는 오히려 성장하고 있다. 기관에 따라 다르지만 연간 경제성장률을 1~9%로 추정한다. 중국과의 무역 실적도 오히려 증가 추세에 있다. 북한 체제의 면역력은 이 정도로 가공할 만하다. 과연 봉쇄로 북한을 붕괴시킬 수 있을까? 더욱이 북한 체제와 운명을 함께할 집단(조선노동당 당원 등)의 인구는 최소한 200만 명 이상이다. 이들에겐 북한 체제의 옳고 그름은 문제도 되지 않는다.

혹여 중국이 움직여준다면 북한을 봉쇄할 수 있을지도 모르겠다. 그러나 현실적으로나 정치적으로나 중국의 대북 봉쇄는 이뤄지기 힘들다. 우선 북한과 중국 간 국경의 길이가 너무 길다. 휴전선의 무려 4배다. 중국 측에서 그 정도의 국경 봉쇄 인력을 동원하기는 힘들다. 중국 입장에서는 북한이 정말 붕괴해버려도 문제다. 중국 중앙정부가 총력을 기울여 개발하고 있는 동북3성이 쇄도하는 북한 난민들로 혼란의 도가니에 빠질 게 뻔하다. 더욱이 북한이 붕괴하고 나면 중국은 미군과 두만-압록강을 사이에 두고 대치해야 할지 모른다.

최근 10여 년간 대북 강경책을 주도해온 한국과 미국의 대통령들. 그러나 북한봉괴를 전제로 한 대북 봉쇄와 제재는 단기적으로든 장기적으로든 원하는 바를 얻는 데 실패했다.

강경제재론이 오히려 김정은 정권의 입지를 강화하는 측면도 감안해야 한다. '경제봉쇄로 인한 고통은 전적으로 미 제국주의와 남조선 괴뢰 때문이다. 자주성을 지키기 위해 현재의 고통을 참아야 한다'라는 북한 정권의 선전이 고스란히 인민들에게 먹혀 들어가게 만든다. 지난 2013년 2월, 북한 당국은 키리졸브 한미연합훈련을 빌미로 일방적으로 개성공단을 폐쇄한 뒤 노동자들을 다른 지역의 '노력 봉사'에 동원했다. 그러자 '왜 잘 나가는 공단을 닫아서 우리를 못살게 구느냐'라는 불만이 노동자들 사이에서 팽배했다. 이게 북측이 개성공단을 부랴부랴 재개한 이유 중 하나라고, 개성공단 관계자들은 말한다. 그러나 2016년 2월엔 남측의 박근혜정권이 개성공단을 폐쇄해 버렸다. 북한 당국이 '박근혜 괴뢰가 우릴 압박하기 위해 공단을 폐쇄했으니 자력갱생하자'라고 선전할 수 있는 빌미를 제공했던 셈이다.

또한 북한 체제의 붕괴가 과연 한국의 국익과 동북아시아 평화에 이로운지에 대해서도 냉정하게 따져봐야 한다. 박근혜 전 대통령의 '통일대박론'은 사실상 '북한붕괴론'이었다. 특히 개성공단을 폐쇄한 집권 말기엔 적극적으로 북한의 붕괴를 도모하겠다는 뉘앙스까지 풍겼다. 실제로 북한이 붕괴한다면 한반도는 유례 없는 혼란에 빠질 것이다. 대규모 난민이 한국으로 몰려오는 가운데, 지정학적 공백을 메우기 위해 미국-중국-러시아가 경합하는 국면으로 이어지기 십상이다. 북한 정권과 군벌이 무장집단으로 전환해서 저항에 나서는 경우도 배제할 수 없다. 설사 한국 정부가 북한 지역까지 정치적으로 통합하는 데 성공한다 해도, 정부지출 폭증 등으로 상당 기간 동안 경제 시스템 전반의 마비를 각오해야 할 것이다. 물론 한국 정부는 항시 '북한 급변'에 대비할 시나리오를 구상해놓아야 한다. 그러나 가능하다면 북한의 갑작스런 붕괴를 적극적으로 차단하는 것이 오히려 한반도를 슬기롭게 관리해나가는 태도일 수 있다.

한편, 보수 세력 일각에서는 대북 강경제재와 함께 한국의 핵 무장을 주장하기도 한다. 이 또한 현실주의에 입각해서 평가할 필요가 있지만, 사실 한국이 독자적으로 핵무기를 개발하자는 의견은 일고의 가치도 없다. 그런 주장을 하는 사람들이 정말 실현 의지를 갖고 있는지 자체가 의심스럽다. 한국의 핵개발은 한미동맹을 초토화시키자는 소리다. 미국은 2004년 한국 원자력연구소의 플루토늄 추출 실험이 드러났을 때 유엔 안보리에 회부하겠다고 나서기까지 했다. 한국이 미국의 반대를 무릅쓰고 핵 무장을 강행하려면, NPT(핵확산금지조약)를 탈퇴하고 이에 따른 국제적 경제제재까지 감수해야 한다. 원래 폐쇄경제였던 북한이라면 몰라도 수출로 먹고 사는 한국이 감당할 수 있는 사태가 아니다.

차라리 전술핵무기 재배치는 가능한 방안일 수 있다. 다만 미국이 기꺼이 전술핵을 한국에 다시 배치할지는 의문이다. 미국이 지난 1991년 한국의 전술핵을 철수시킨 뒤 북한의 거듭된 핵실험에도 불구하고 재배치를 거론하지 않는 이유는 나름의 동북아 전략에 따른 것이다. 만약 미국이 전술핵 재배치에 동의한다면, 그때는 '안보상 이익'과 '비핵화 노선 포기 및 중국 등 주변국의 반발에 따른 비용'을 저울질한 다음 국민적 합의를 거쳐 결론을 내리면 된다.

또한 독자적 핵무장 같은, 자주적으로 보이지만 사실은 무책임한 주장을 진지하게 검토하기보단 한국이 이미 보유한 '핵전쟁 억지력'을 차분히 점검하고 필요하다면 더욱 강화하는 태도가 훨씬 합리적이다. 우선 한반도는 한미동맹에 따른 미국의 '핵우산' 밑에 있다. 만약 북한이 한국을 핵으로 선제공격한다면, 북 역시 미국의 핵무기로 초토화된다는 이야기다. 한미동맹을 치명적으로 훼손할 독자적 핵개발론보다는 '어떻게 한미동맹의 수준을 강화해나갈 것인가'에 대해 고민하는 것이 훨씬 효율적이다. 더욱이 한반도 내에서는, 한국이 보유한 재래식 무기만으로도 북핵에 대한 상당한 억지력을 발휘할 수 있다. 한국의 연간 군비지출 규모는 세계 최고 수준으로 북한의 5배 나 된다. 2017년 6월 성공적 시험을 완료한 현무-2C 탄도미사일의 경우, 사거리 $800km$로 경북 포항의 발사대에서 북한 전역을 타격할 수 있는 성능을 갖췄다. '핵'의 이미지가 강하긴 하지만, 남북간 '공포 의 균형'은 이미 어느 정도 맞춰져 있다고 봐야 한다.

대화론의 맹점

남-북-미 대화를 통해 한반도 비핵화와 평화체제 수립을 달성하자 는 주장도 있다. 대체로 북핵 폐기를 '받고', 북미 평화협정을 '주자' 고 한다. 물론 '협상해봐야 북한에게 핵개발 시간만 준다'는 반대도 만만치 않다. 그러나 지난 경험에 따르면, 북한 역시 6자회담이 진행 되는 동안엔 핵실험을 감행하지 않았다. 그 점을 중시하는 이 책의 주장 역시 넓은 의미의 대화론에 속한다.

다만 대화만으로는 북핵 문제를 근본적으로 풀 수 없다고 본다. 북 한의 벼랑 끝 전술로 인해 지지부진한 협상이 반복될 가능성이 크다 는 것이다. 북한을 포함한 이해관계국들이 모두 진정성을 갖고 협상 에 임한다 해도, 북핵 문제는 그 자체로 본질적인 문제 해결이 어려 운 구조이기 때문이다. 무엇보다도 북한은 적어도 일정 기간 절대 핵 을 폐기할 수 없다. 한국과 미국의 전임 정권이 주장한 '먼저 핵을 폐 기한 뒤 평화협정 논의'는 고사하고, 북미 평화협정이 체결된다 해도 한동안 핵무기 체계를 유지하려 할 것이다.

더욱이 지금의 북한에게 핵은 단지 한국과 미국을 위협해서 특정한 목표(돈이나 평화협정)를 달성하기 위한 임시방편 정도가 아니다. 핵은 북한이라는 국가의 '교리'라고 할 수 있는 '자주성'과 매우 긴밀하게 얽혀 있다. 북한에서 '자주'는 절대적 가치다. 그렇다면 자주를 어떻게 지킬 것인가? 답은 단순명료하다. 바로 '물리적 힘', 즉 군사력이 있어야 한다. 한국인 여러 명이 '왜 조선이 일본 제국주의의 식민지가 되었나'에 대해 토론한다면 다양한 의견이 나올 것이다. '개방이 늦었다' '과학기술이 발전하지 못했다' '엘리트층이 어리석고 이기적이었다'…. 그러나 북한 사람들은 민·관을 불문하고 일치된 답변을 내놓는다. '군사력이 약했기 때문이다!' 이런 공식에 따라 나름대로 세계사를 재해석하기도 한다. 예컨대 중국이 아편전쟁에서 '마약으로부터 나라를 지킨다'라는 대의명분에도 불구하고 '불의'한 제국주의 영국에게 패배한 이유는 무엇인가? '중국의 군사력이 약했기 때문이다!'

결국 '조선민주주의인민공화국의 자주성'을 지키려면 군사력에 의지할 수밖에 없는데, 재래식 무기로는 '미 제국주의의 물리력'을 감당할 수 없다. 그래서 핵무기를 개발했다는 것이다. 또한 북이 핵을 보유했기 때문에 한반도 전쟁이 터지지 않는 거라고 주장한다. 말장난이 아니라 진심으로 그렇게 생각한다.

2006년 10월 당시, 개성공단에 근무하던 한국인들은 북한의 1차 핵실험으로 경악했다. 일단 평소와 다름없이 업무를 진행하기로 했으나 긴장감을 감출 수 없었다. 그들은 북측 노동자와 관료에게 '핵

김대중-노무현 정부는 대북 교류협력 정책을 통해 적잖은 성과를 거뒀다. 그러나 두 정부는 북한의 핵무장에 관해서는 이렇다 할 해답을 제시하지 못했고, 핵무기에 대한 현실적 공포는 대화론 추진에 커다란 장애로 남았다.

실험 때문에 개성공단의 문을 닫으면 어떻게 할 거냐'라고 힐문하기도 했다. 그러니까 북측 사람들이 펄쩍 뛰더라는 것이다. "무슨 소리냐. 우리가 핵을 가지는 바람에 군사적으로 미국과의 전쟁을 막게 된 거고, 덕분에 개성공단도 안전해졌다." 당시의 개성공단 관계자는 "처음엔 그냥 농담인 줄 알았는데 진담이더라"고 털어놓았다.

이런 시각은 심지어 북한 정부에서 나오는 공식적인 정책연구 논문집에도 그대로 반영되어 있다. 개성공단 남측 관계자의 이야기를 들어보자.

"북측에서 나오는 『경제연구』라는 저널이 있다. 개성공단 같은 경제특구를 주제로 삼은 논문들도 나온다. 한 논문에 따르면, 경제특구의 성공에 가장 중요한 조건은 '국제적 환경의 개선'이라고 한다. 그 다음으로는 안정적인 외자유치, 특구 관련 법률의 정비 등이다. 그런데 이 '국제적 환경의 개선'에 대한 해석이 굉장히 독특하다. 내가 보기엔, 북이 특구를 발전시키기 위해 국제환경을 개선하려면, 핵 문제에 대해 외부와 적절히 타협하면서 경제 제재를 완화시켜야 한다. 그래야 해외투자가 들어올 것 아닌가? 그러나 해당 논문을 자세히 읽어보면 그런 의미가 전혀 아니다. 오히려 핵무기를 더욱 열심히 개발해야 한다는 것이다. 그래야 한반도 전쟁을 막아 '국제적 환경을 개선'할 수 있다고 한다. 핵에 대한 북의 사고방식은, 우리와는 매우 다르다."

이처럼 북한은 '군사력으로 자주성을 지켜야' 하며, 이를 위해 '어떤 희생도 불사하겠다'라는 생각으로 충만한 나라다. 그 '군사적 자주'의 핵심에 핵무기가 있다. 조선노동당 기관지인 『노동신문』 사설 (2014년 3월 31일)을 읽어봐도 그렇다.

나라의 자주권과 생존권은 그 어떤 청탁이나 국제적 협약에 의해서가 아니라 오직 자기 손에 틀어쥔 핵 보검에 의해서만 고수될 수 있다는 것이 명백히 확증됐다. 품들여 가졌던 핵무기를 정치적 흥정물이나 경제적 거래물로 삼았다가 파멸의 비참한 운명을 강요당한 중동나라의 교훈을 절대로 잊어서는 안 된다.

한국의 대화론자들은 '핵에 대한 북한의 사고방식'을 철저히 이해해야 한다. 그래야 핵문제의 해결이 얼마나 난이도 높은 과제인지 객관적으로 이해한 바탕 위에 대북 전략을 구상할 수 있다. 동시에 북한의 '이중성'에 대해서도 경계할 필요가 있다. 북한 당국은 '민족 대단결'을 입에 담고 있으면서도 끊임없이 남남 갈등을 유도하려고 시도한다. 개성공단에서도 그랬다. 이명박정부가 집권한 직후인 2008년 겨울, 북한의 권력 핵심 중 한 사람인 김영철 통일전선부장이 개성공단에 왔다. 기업인들을 불러 모아놓고 이렇게 연설했다. "우리 장군님(김정일—인용자 주)이 말씀하셨다. 남한의 중소 자본가들은 우리가 보호해줘야 될 민족자본가다. 그러나 남한의 괴뢰정권이 탄압하고 있다. 우리 모두 힘을 합쳐야 한다." 북한의 고전적인 인민민주주의혁명론에 따르면, 중소 자본가는 혁명의 주체 세력 중 하나다. 그런 관점으로 남한의 중소 자본가들을 대한 것이다.

이런 '이중성'을 경계해야 하는 이유는, 실제로 남남 갈등이 유도되기 때문이 아니다. 그보다는 한국 내에서 극우세력들에게 교류·협력에 대한 부정적 여론을 퍼뜨릴 빌미를 주는 게 문제다. 위의 에피소드에서 한국의 기업가와 노동자들은, 북한 권력의 핵심적 '혁명가'가 구사한 통일전선 전술에 조금도 동요하지 않았다. 오히려 혁명화의 대상(입주 기업가와 노동자)들이 '혁명가'보다 몇 수 위에 있었다. 그 자리에선 북한 측의 선동에 심지어 솔깃한 척해주는 능력까지 발휘할 정도였다. 현지화 전략상 김정일에게 장군님이라는 호칭을 붙여주기도 한다. 한국인들은 개성공단에서 북한의 현실을 보고 느꼈기 때문에, 그리고 남북간의 격차가 경제뿐 아니라 여러 부문에서 너무나 확연하기 때문에, '혁명가'들이 아무리 감동적인 말을 해도 동요하지 않는다.

북한은 지금까지도 그랬고 앞으로도 계속 남측 시민들의 마음을 사로잡기 위한 통일전선 전술을 구사할 것이다. 햇볕정책을 통해 북한을 금전적으로 지원하고 상당수의 한국인들이 평양을 옆집 드나들듯이 하던 시기에도, 북한 인민들은 지속적으로 '한국에 대한 적대의식'을 교육받았다.

북한 당국은 내심 한국 시민들 가운데 상당수가 북한 정권을 지지하지만, '괴뢰 정부'의 탄압 때문에 의사를 표현하지 못할 뿐이라고 생각하는 듯하다. 한국에서는 1980년대에 '북한 바로알기' 운동이 벌어진 적이 있는데, 북측 엘리트들이야말로 '한국 바로알기'를 해야 하지 않을까. 한국에서는 북측의 꽤 진지한 선전물들이 개그 재료로 사용된다는 걸 그들은 알아야 한다. 북측의 김정일 찬양 가요인 〈장군님 축지법 쓰신다〉는 한국에서 포복절도할 정도로 우스꽝스러운 패러디물로 변주되어 인터넷을 떠돌고 있다. 이제 북한은 자신들의 체제에도 그리 이롭지 못한 통일전선 전술을 포기해야 한다.

물론 지금도 우리 사회 일각엔 극소수나마 북한을 추종하는 사람들이 존재한다. 이들 가운데는 심지어 북한이 미국을 압도하는 군사력을 보유했다고 믿는 경우도 있다. UFO가 북한의 비밀병기라거나 2011년 동일본 대지진 역시 북한이 '이온 포브스'라는 첨단 무기로 유발했다고 주장한다. 그러나 어느 나라에나 광신적인 컬트 집단은 있게 마련이다. 해외에도 특정 연예인이나 외계인을 숭배하며 신으로 모시는 종교가 있다. 한국의 '북한 컬트'가 살아남을 수 있는 이유는 오직 하나, 탄압을 받기 때문이다. 덕분에 뭔가 무서운 세력인 것처럼 과장되는 측면이 있다.

북한의 군사노선에 어떻게 대처할 것인가

다시 강조하건대, 한국이나 미국이 크고 작은 경제적 보상을 제공한다고 해서 북한이 핵을 폐기하지는 않는다. 북한에서 '군사적 자주' 노선이 점유하는 지위를 고려하면, 오직 다음의 두 가지 경우에만 핵 폐기가 가능하다.

하나는, '주한미군 철수' '한미합동훈련의 완전 중단' 등 북한에 대한 군사적 압박을 완벽하게 제거하는 조치다. 그러나 이는 한국이나 미국이 절대 용인할 수 없는 조건이다. 여론의 지지도 받을 수 없다. 더욱이 북의 군사적 자주노선을 유심히 관찰해보면, 단지 한국과 미국의 군사적 압박만 중단된다고 핵을 폐기하지도 않을 것이다. 중국과 일본 등이 언젠가 북을 군사적으로 위협하지 않는다고 보장할 수 없지 않은가. 결국 군사적 자주노선을 일관되게 관철시키려면, 김일성 주석의 유훈이라는 '한반도 비핵화'는 세계 전체가 완전히 평화로운 상태가 될 때야 비로소 가능한 일이다. 물론 '세계 전체의 완전한 평화'는 가까운 시일 내에 (혹은 영원히) 가능한 일이 아니다.

다른 하나는, 북한이 스스로 군사적 자주노선을 완화하든지 폐기하는 것이다. 북한은 지금까지의 군사적 자주노선이 현실의 국제사회에서 어떤 결과로 이어졌는지 찬찬히 성찰해볼 필요가 있다. 북한의 군사적 자주노선은 북한에 돌이킬 수 없는 불량국가 이미지를 심었고, 한·미 양국에서 대북 강경파들의 입지만 강화했을 뿐이다. 또한 미국이 그동안 북한을 침공하지 못한 것이 단지 북측의 군사력을 두려워해서였을까? 전쟁 발발시, 미국의 동맹국인 한국에 회생 불가능할 정도의 피해를 입힐 수 있다는 점도 주요한 고려사항이었다.

북한에게 필요한 것은 '자주노선의 현대화'다. 물론 자주적 국가가 되려면 충분한 군사력을 보유해야 한다. 지금도 강대국들이 일방적인 군사력 행사로 약소국의 이익을 침해하는 일은 흔하다. 이런 비극은 인류가 존속하는 한 되풀이될 것이다. 그러나 군사력만이 자주성을 지키는 방안은 아니다. 국력엔 물리적 힘은 물론 경제력과 문화, 법치주의 같은 '소프트 파워'도 포함된다. 북한이 인권을 중시하는 법치주의 국가로서 위상을 강화할수록 강대국의 일방적 군사 공격을 당할 가능성도 크게 줄어들 수 있다. 더구나 북은 최후의 수단으로 사용할 수 있는 군사력을 핵무기 이외에도 충분히 보유하고 있지 않은가.

자, 그렇다면 북한의 변화는 또 어떻게 유도할 것인가.

한국은 북이 '군사적 자주노선'을 스스로 현대화할 수 있도록 유도하고 지원하며 압박해야 한다. 또한 장기전을 각오해야 한다. 핵에 대한 북의 집착을 감안할 때 섣불리 단기적 성공을 기대하면 안 된다. 더디 가더라도 확실히 가야 한다.

이런 전제에서 볼 때, 북한의 군사적 자주노선을 변화시킬 수 있는 가장 우월하고 나아가 유일한 방법은, 어떻게든 북한과 외부 세계와의 교류를 활성화시키는 것이다. 예컨대 개성공단이야말로 북한을 실질적으로 변화시킨 수단이었다. 개성공단은 삐라·USB·확성기보다 훨씬 효과적인 '한국 선전 매체'였다. 개성공단에서 일한 한국인 하나하나가 '인간 삐라'이자 '인간 확성기'였다.

사회주의 국가에 시장주의 제도를 전파하는 것이 얼마나 대단한 일인지 아직 잘 평가되어 있지 않다. 우리는 먼저 자유민주주의 국가와 사회주의 국가 사이에 존재하는 '세계관의 차이'를 냉정하게 인식해야 한다. 자유민주주의에서 사회의 기본적 단위는 '개인'이다. 국가라도 개인의 재산(소유권)과 사회적 권리(인권)를 함부로 침해할 수 없다. 국가가 '공공이익'을 위해 불가피한 경우에도 개인들의 이익을 침해하려면 엄격한 법 규정에 따라야 한다.

전통적인 사회주의 세계관엔 사실상 '개인'이 빠져 있다. 개인들은 집단(계급)이나 국가의 한 부분으로 존재할 뿐이다. 개인이 없으니까 소유권이나 인권에 대한 관념도 허술하다. 개인들 사이의 거래 공간인 시장도 억제된다. 사회주의 국가들은 인권 시비가 터질 때마다 '우리나라에서는 인민들의 인권이 잘 보호되고 있다'라고 주장하는데, 의도적인 거짓말은 아니다. 인권의 개념 자체가 자유민주주의 사회와 다르기 때문이다. 전통적 사회주의는 개인들이 서로 부대끼는 왁자지껄한 세계가 아니다. 국가가 유아독존의 주체로 우뚝 서서 안돈安頓하는, 고요한 호수다.

어쩌면 교류·협력은 사회주의라는 고요한 호수에 조약돌을 던지는 행위와도 같다. 그러나 조약돌이 점차 호수의 지형을 바꿔나가게 된다. 중국의 개혁·개방 과정은 더디어 보이는 시장주의의 전파가 장기적으로는 얼마나 대단한 사회·경제적 변화로 나타나는지 역력히 보여주는 사례다. 중국 사회주의 체제는 경제발전의 절실한 필요성 때문에 특구의 외국인 투자자에 한정해서 '개인'과 '시장' '인권'을 허용하는 특혜를 베풀었다. 그러나 전통적 사회주의 체제에 이질적인 요소들이 지리적으로는 특구에서 전국으로, 인구 차원에서는 외국인에서 중국인으로 점차 확산되며 사회·경제 시스템 자체를 근본적으로 바꿔버리고 있다. 국가와 그 국가를 다스리는 공산당이 모든 것이었던 중국에서 '개인'의 힘과 권리가 커지면서 개인을 보호하는 법들이 만들어졌고, 공산당의 자의적인 통치는 제한되고 인권 수준이 향상되었다.

중국의 경우 2000년대 초까지 공개사형이 시행되었다. 일반 인민들이 사형집행 장면을 관람할 수 있었다. 야만적 인권침해지만, '공익(인민들이 사형 장면을 보고 범죄행위를 자제)' 차원에서 정당화되었던 듯하다. 이 제도는 2000년대 중반 이후에야 비로소 사라졌는데, 해외와의 교류가 잦아졌기 때문이다. 많은 외국인들이 중국에 들렀다가 우연찮게 사형집행 장면을 봤고, 이에 따라 인권침해 시비가 잦아지면서 공개사형이 법률적으로 금지된 것이다. 중국의 개정 형사소송법에 "사형은 대중 앞에서 집행하지 말아야 한다"라는 조항이 첨가되었다. 중국의 시장발전은 인권이 개선되어가는 과정이기도 했던 것이다.

무엇을 할 것인가

2017년의 북한은 개혁·개방을 공식화하던 1978년의 중국보다 훨씬 심각한 위기감에 사로잡혀 있는 것으로 보인다. 외부에서 압박한다고 북한이 핵을 폐기하고 인권을 보장할 리는 없다. 유감스럽게도 한국에서 북한 인권을 강조하는 사람들은 대체로 교류·협력을 완강히 반대한다. 교류·협력이 사회주의 국가의 인권과 법치주의를 실제로 개선하는 방안이란 것을 모르기 때문일 것이다. 그렇지 않다면, 그들에게 북한 인권은 오직 햇볕정책(과 국내의 민주·진보세력)을 공격하기 위한 수단에 불과하다고 볼 수밖에 없다.

진정으로 북한 주민의 인권을 개선하는 방법은 북한이 더욱 시장화되도록 교류·협력을 확대하고 북한 당국이 그에 걸맞은 법제도를 갖추도록 지원하는 것이다. 더욱이 북한에서는 이미 전국적 차원에서 반#합법적인 형태로나마 광범위한 자본주의적 생산 및 교환 양식이 발전해 있다. 북한이 앞으로 외국인 투자를 끌어들이고 시장경제를 체제 내로 포섭하려면 시장거래와 소유권, 나아가 인권을 보장하는 방향으로 법제도를 바꿔나가야 할 현실적 필요성이 계속 커지고 있다.

북·미 간 평화협정 및 수교가 즉각적인 핵 폐기로 이어지기는 어려울 것이다. 그러나 북한이 긍정적인 방향으로 전진할 수 있는 강력한 외부 환경이라 할 수 있다. 북한 당국이 인권이나 영리활동을 탄압하며 내세우는 명분 자체가 '미 제국주의와의 전쟁 상태'라는 것이기 때문이다.

한국은 일단 경제특구에 적극적으로 개입하는 방법으로 북한에 경제발전의 기회를 부여하는 동시에 각종 시장주의 제도의 실험공간을 제공할 수 있다. 북한은 처음엔 개성공단이나 나선특별시 같은 특구에만 새로운 제도를 시행하다가 점차 전국적으로 확대하는 경로를 밟으면 된다. 개성공단이나 나선특구에서 봤듯이, 북한 당국은 미약하나마 시장친화적인 법률제도들(토지이용권, 행정소송법 등)을 실제로 시험해보고 있다. 북한이 제도 개혁을 통해 경제를 어느 정도 정상화할 수 있다면 점차 자신감도 커질 것이며, 이에 따라 외부 세계에 대한 공격성 역시 수그러들게 될 것이다. 그래야 북한의 '군사적 자주노선' 역시 현대화될 계기가 마련된다. 이런 시장경제 발전은, 중국의 사례에서 봤듯이, 법치주의와 민주주의를 점차 강화하게 된다. 또한 민주주의와 법치주의의 강화는 시장경제를 더욱 발전시키는 선순환으로 이어진다.

　다만 북한 체제가 이렇게 성숙하고 난 뒤에 핵 문제를 해결하자고 할 수는 없다. 북한 체제의 체질 변화엔 오랜 시간이 필요하지만, 북핵 문제는 당면 과제인 때문이다. 남북정상회담과 6자회담 등을 재개해서 남북 및 동북아의 군사적 긴장을 완화시켜야 한다. 그러는 동안 상호 신뢰를 구축해야 하지만, 협의된 내용을 북한이 어기는 경우엔 제재와 압박도 카드로 내밀 수 있어야 한다. 또한 경제적인 교류·협력과 정치·군사 차원의 대화 내지 압박은 서로 보완관계에 있다. 한쪽이 잘 풀리면 다른 쪽도 잘 풀리게 된다.

　다시 말하지만, 북한 체제를 변화시킬 수 있는 건 외부의 강요와 제재가 아니다. 북한이 시장경제를 발전시키면서 인민들의 자유를 증진시키고, 법률로써 사회를 다스려 나갈 때 북한의 변화는 이루어진다. 우리가 할 수 있는 건 북한이 그런 길을 선택할 수 있는 기회와 조건을 만들어주고 그 길로 유도하는 것이다. 앞으로의 교류·협력 정책은 이런 장기적인 목표를 가지고서 추진될 필요가 있다.

상당히 긴 세월과 인내심이 필요한 프로젝트다. 우여곡절도 많을 것이다. 순조롭게 진행된다 해도, 북한은 때때로 외부 세계를 자극하고 도발할 것이며, 한국과 미국의 대북 강경론자들은 일체의 대북 접촉을 불온시하며 심지어 전면 중단을 요구하기도 할 것이다. 그러나 한국 정부는 이것이 북한을 실질적으로 변화시킬 수 있는 유일한 방법이란 것을 국내외적으로 설득해나가야 한다. 몹시 까다로운 길이지만 유일한 길이다.

찾아보기